スクール・セクシュアル・ハラスメント

―学校の中の性暴力―

内海﨑 貴子・田中　裕・藏原 三雪
亀井 明子・岡明 秀忠

八千代出版

は じ め に

　ある大学で、授業中にスクール・セクシュアル・ハラスメントを取り上げたときのことです。一人の学生が、授業終了後、次のようなことを話してくれました。

　私の妹が小４の時、着替え室で私服から体操服に着替えていたら、体育の先生が靴の先端に小型カメラを仕込んで、ドアの隙間から足を入れて、着替えを撮影していたという事件がありました。しばらくしてその男の先生はつかまったのですが、いまだに妹は怖くて、家族の前でも、時折、着替えられないことがあります。その先生は、いろいろな小学校でも撮影していたみたいです。私としては怒りを覚えた事件でした。その先生は罪を償ったら終わりですが、被害者は忘れられない恐怖を植え付けられて、終わりはありません。一件でも多く、このような事件がなくなることを祈っています。（下線は引用者）

　このことを話してくれた学生は、被害者である妹の恐怖と苦しみをずっと見続けていました。小学生だった妹は成長するにつれて、加害者の行為の意味がわかるようになり、さらに傷が深くなっていったそうです。学生がいうように、被害者に「終わり」はないのです。

　近年、学校現場におけるセクシュアル・ハラスメント（以下、セクハラ）や強制わいせつなどのマスコミ報道が相次いでいます。学校でのセクハラは、なぜなくならないのでしょうか。そもそも学校

という教育の場で、なぜセクハラが起こるのでしょうか。その実態やセクハラへの学校の対応は、どのようになっているのでしょうか。万全とはいえないものの、企業や大学でのセクハラ対策は進んでいます。しかし、高等学校以下の学校でのセクハラについては、その防止策も含め明らかになっていないことが多いと感じます。これでは、子どもたちをセクハラや強制わいせつなどから守ることはできません。

　このような問題の解決に少しでも貢献したいと、私たちは本書を刊行することにしました。少し長くなりますが、その経緯を説明します。

■学校教育の場でのセクシュアル・ハラスメントに気づく

　1996年、母校に教育実習の依頼に行った女子学生の報告を聞き、学校現場にセクハラがあることに気づきました。その女子学生は、母校の職員室で、教育実習受け入れの条件として学校長から性関係を迫られたのでした。彼女は、当然のことながら非常に驚き、そして深く傷つきました。彼女は「校長先生にも失望したけど、校長先生のいっていることを聞いていたのに、見て見ぬふりをしていた先生たちには、もっと失望した」といって、涙をこぼしました。母校の学校長や教員たちによるセクハラだったことが、彼女をとりわけ傷つけたことは想像に難くありません。

　その後、この学生は別の実習校で教育実習を無事終了し、教員免許状を取得することはできました。しかし、大学入学時から教員になりたいという思いを強く持っていたにもかかわらず、彼女は教員にはなりませんでした。学力も、教員としての適性も十分な学生であったのに、「2度と母校には行きたくない」といって教員採用試

験を受験しなかったのです。つまり、学校長の不適切な発言とそれを見過ごした教員たちの対応が、彼女の職業選択と人生を変えてしまったのです。

　この女子学生の件をきっかけに、翌年から、個人的に教育実習修了者に聞き取りを開始しました。聞き取りというほど組織だったものではなく、「教育実習、どうだった？　何か嫌なことなかった？」などと、学生に実習の様子を聞くようにしたのです。すると、教育実習にかかわるセクハラだけでなく、学生が見聞したさまざまなセクハラが見えてきたのです。「飲み会の席で教員に体を触られた」「生徒から性経験を聞かれた」など、実習生が直接被害を受けた例だけでなく、「先生たちが職員室で、女子生徒の胸の大きさを話題にしていた」「授業中、特定の女子生徒の体に何度も触っている先生がいた」など、実習生が見聞した教員たちの児童生徒へのセクハラが上がってきました。このように、毎年、学生から報告されるセクハラは途切れることはありませんでした。

　1990年代後半、学校現場でのセクハラの実態はほとんどわかっていませんでした。1993年、京都大学で起きたキャンパス・セクハラ事件（矢野事件）を契機に、全国の大学では「キャンパス・セクハラ」が顕在化していきましたが、幼稚園や小中高等学校（以下、「学校」とする）でのセクハラの実態は不明だったのです。学校でのセクハラの実態を明らかにすること、すなわち、実態調査が必要だと痛感しました。しかしながら、学校現場で児童生徒を対象に、セクハラ調査を実施するのは、児童生徒のセクハラ認識に差異があること、在学している学校に加害者がいるかもしれないこと、調査の性質上学校の協力を得るのが難しいことなど、さまざまな理由から、ほぼ不可能と思われました。

はじめに　*iii*

一方で、私たちは毎年、教育実習生を学校に送り出します。実習生の安全・安心を守ることは大学の責任ですから、まず、実習先の学校で起こっているセクハラの実態を把握し、その防止・予防対策をとらなければなりません。そこで教員養成に携わっている私たちは、教職課程を有している関東地区の私立大学が加盟している「関東地区私立大学教職課程研究連絡協議会」（以下、「関私教協」と略記）に、教育実習生が被っているセクハラの実態調査の必要性を働きかけていきました。その結果、2001年にはじめて、加盟している大学・短期大学教職課程の協力を得て、教育実習でのセクハラ実態調査を行うことができました。その後、この調査は、教育実習でのセクハラ防止を目的として、2017年まで継続して実施されています。

■教育実習と実習セクハラ

2001年以降のセクハラ調査から明らかになったことは、1章以降で詳しく述べられますので、ここでは、本書に出てくる基本的な事項を説明します。

ほとんどの読者は、小学校や中学校、あるいは高校で、教育実習生に出会ったことがあると思います。教育実習は、教員を目指す学生にとって最も大事な実習です。幼稚園から高校まで、学校の教員になるためには、教員免許状の取得が必須です。教員免許状を取得するには、大学もしくは短期大学の教職課程において、教育職員免許法に定められた科目を履修し、所定の単位を修得しなければなりません。教育実習はその必修科目で、短期大学の場合2年次で3単位、大学の場合4年次で5単位修得するのが一般的です。実習生は、原則として2週間から4週間、幼稚園の園長や学校長の監督のもとに、指導教員の指導に服して実習にあたることになります。

私たちは、「実習生が実習園／校の教員や児童生徒などから受けるセクハラ」を「実習セクハラ」としました。ここで実習園を入れたのは、幼稚園の教育実習でも実習セクハラがあるからです。実習セクハラは実習期間中だけでなく、事前ガイダンスや事後指導、飲み会など、実習にかかわるあらゆる時期に、実習校などの実習にかかわる場所だけではなく、校外でも起こっています。実習を終えて大学に戻ってきてからも、SNSなどによる実習セクハラがあるときもあります。加害者は教員や児童生徒がほとんどですが、実習生が加害者になる場合もあります。

■セクハラとスクール・セクハラ
　セクハラとは、「相手の意に反する性的な言動」（『岩波女性学事典』p. 296）であり、「性的嫌がらせ」ともいいます。「文部省におけるセクシュアル・ハラスメントの防止等に関する規程」（文人審第115号、1999年3月30日）第2条によると、セクハラの定義は以下のようになります。

1　セクシュアル・ハラスメント　　職員が他の職員、学生等及び関係者を不快にさせる性的な言動並びに学生等及び関係者が職員を不快にさせる性的な言動

2　セクシュアル・ハラスメントに起因する問題　　セクシュアル・ハラスメントのため職員の就労上又は学生等の修学上の環境が害されること及びセクシュアル・ハラスメントへの対応に起因して職員が就労上の又は学生が修学上の不利益を受けること

　また、ここに明記されている「『性的な言動』とは、性的な関心や欲求に基づく言動をいい、性別により役割を分担すべきとする意

識に基づく言動も含み，職場の内外を問わない」（「文部省における
セクシュアル・ハラスメント防止等に関する規程の制定について（通知）」
第2条関係）とされています。

　セクハラは、上下／主従／男女などの人間関係の中で、それぞれ
の権力関係を背景として起こる性的強制／暴力です。特に、性差別
から起こるセクハラには、身体的接触ばかりでなく、言葉や態度に
よる攻撃などさまざまな形態が見られます。セクハラには、地位の
上下を利用して相手に不利益／利益を与える「地位利用型（対価型）」、
性的な言動によって就業／学習環境を悪化させる「環境型」、固定
的な性役割に基づき相手を評価／判断し人権を侵害する「性差別
（ジェンダー）型」（以下、ジェンダー・ハラスメント）の3タイプが
あります。

　教育の場でのセクハラは、大学で起こるキャンパス・セクハラと
学校で起こるスクール・セクハラとに分けられます。スクール・セ
クハラとは、「学校をはじめ教育の場で起こる性的な攻撃（セクシュ
アル・ハラスメント）という意味で、性的な暴力のこと」（亀井 2004 p.
7）で、教員から児童生徒、児童生徒間、教員間、児童生徒から教員、
教員と保護者など学校にかかわるすべての人間関係の中で起こりえ
ます。スクール・セクハラは、児童生徒にとっては学習権の侵害で
あり、教員にとっては労働権の侵害となるばかりでなく、就労と教
育／学習環境の悪化を招くことになります。なお、教員間のセクハ
ラは労働の場でのセクハラとして取り扱えることから、本書では、
「スクール・セクハラ」を「学校教育の場で起こるセクハラ」として、
主に「教職員から児童生徒へのセクハラ」について述べることにし
ます。なお、「児童生徒」には幼稚園や保育所の「園児」も含めます。

■本書の趣旨と構成

　本書は、実習セクハラの調査結果から、スクール・セクハラの実態解明に迫ることを目的としています。私たちは、「スクール・セクハラは性暴力の一形態である」ととらえています。セクハラは「性的嫌がらせ」といわれますが、スクール・セクハラの実態を見ていくと、強制性交等罪などの犯罪に当たる事例や幼稚園や保育所の園児が被害となる事例など、明らかに「嫌がらせ」の範囲を超えて「暴力」や「虐待」に当たる被害が起こっています。近年、「#MeToo」の運動にも見られるように、「セクハラは性暴力である」という認識が広まってきました。そこで、私たちは、スクール・セクハラも一般のセクハラと同じように、「学校教育の場で起こる性暴力」ととらえることにします。

　本書の構成を述べておきます。1章では、実習セクハラの調査から見えるスクール・セクハラについて、数字の意味することを仮想の実習生を通して解説します。2章ではセクハラの実態について、特徴的な事例をあげて解明していきます。3章では、スクール・セクハラへの対応事例のうち、解決を見た事例とそうでない事例を取り上げ、深刻な被害の実態を明らかにします。4章では、スクール・セクハラ防止のための教育委員会、学校、教員の取り組みと対応の実態について明らかにします。5章では子どもの性的権利の視点から、スクール・セクハラの構造と背景、原因を分析・検討します。

　本書の執筆者は、これまで教育の場で起こるセクハラの調査研究に携わってきた研究者、長期にわたりスクール・セクハラ被害者支援活動を行ってきたNPO法人の代表者です。また、キャンパス・セクハラやアカデミック・ハラスメントなど、大学など教育の場でハラスメント相談・対策にかかわってきた井口博弁護士からは、特

はじめに　*vii*

別寄稿として法的視点から見たスクール・セクハラの問題についての論考が寄せられました。

　私たちは、教員や教育委員会を糾弾するために本書を執筆したわけではありません。学校が、児童生徒にとって安心・安全な教育／学習の場になること、児童生徒の人権が尊重される教育／学習の場になること、そのためにスクール・セクハラが根絶されることを願って、本書を刊行することにしました。本書が、読者の皆さんにとって、スクール・セクハラについて考えるきっかけとなり、スクール・セクハラに対する関心が高まることを願っています。

　なお、本書の刊行にあたっては、本の企画の段階から八千代出版の森口恵美子さんに、編集にあたっては御堂真志さんにお世話になりました。難しいテーマであることから、出版はできないだろうと考えていた私たちが本書を刊行できたのは、森口さんのこのテーマに対する深い理解があります。あらためて感謝したいと思います。

著者を代表して　内海﨑貴子

＊本文で巻末の参考文献を引用する場合には、「（著者名　発行年　ページ　数）」と示しています。

目　　次

はじめに　*i*

1章　調査から見えるスクール・セクハラ————————*1*
コラム〈教員同士のセクハラ〉　*16*

2章　事例に見るスクール・セクハラの実態————————*19*
コラム〈児童生徒のパワー・ハラスメント批判〉　*56*

3章　事例に見る被害解決のための取り組み————————*59*
コラム〈男子の被害について〉　*76*

特別寄稿　法的視点からスクール・セクハラを見る————————*87*

4章　スクール・セクハラを防ぐために————————*91*

5章　スクール・セクハラはなぜ起きるか————————*136*
コラム〈セクシュアル・マイノリティへの
スクール・セクハラ〉　*162*

参考文献　*176*

ix

1章
調査から見えるスクール・セクハラ

（田中　裕）

　スクール・セクハラの実態については、マスコミ報道などで個別案件としても周知されつつあります。しかしながら、その全体像の量的把握は、被害者・加害者のプライバシーや被害が起こる学校の特性などがあるため、あまり行われていないというのが現実です。近年各自治体でも調査が行われるようになりましたが、教員が学校で行う調査となるため、回答者にバイアスがかかったデータとなることは否定できません。そのため、この章では、実際の学校における生徒対象の調査だけではなく、第三者視点を持ちうる教育実習生のセクハラ調査の結果も加えて解説していきます。

　それでは、教育実習生の視点からとらえられたスクール・セクハラの現状について、保健体育の教育実習に取り組む"優羽"が体験／見聞したことをつづった日記の一部をもとに、説明していきましょう。

20XX 年 6 月 5 日（日）

　さあ、ついに教育実習が始まる。母校の中学での実習、どんな子たちとの出会いがあるだろう、ワクワクする。うまく授業もできるかなぁ。教壇・実技の実習のことで頭の中はいっぱい。そういえば、先週の実習ガイダンスで「実習中にセクハラ被害やセクハラを見ることがありますが、その場合の対応方法は……」なんて話があったけれど、そんなことってあるのだろうか。そういえば、最後の実習

ガイダンスで教職センターから配られたプリントに書いてあったような記憶がある。確認しておこう。

20XX 年 5 月 9 日

三崎大学　教職センター

教育実習中の注意事項

1.　実習校で知り得た個人情報に関わる事項については、守秘義務を遵守すること。

2.　自身の個人情報（TEL、メルアド、SNS 等）を生徒に教えないこと。また、生徒からそれらの情報を得ないこと。また、担当教員の許可なく生徒たちの写真撮影をしてはいけない。

3.　実習校での、セクシュアル・ハラスメント（ジェンダー・ハラスメント含む）のような言動は慎むこと。また自らが実習校においてセクシュアル・ハラスメントの被害を受けたと思われる場合、速やかに大学（教職センターないしは実習担当教員）に連絡を入れること。
●異性間のみならず同性間であっても、性的なからかいや不必要な身体接触（マッサージ等も含む）はセクシュアル・ハラスメントである。
●男女の役割分担の過度な押しつけはジェンダー・ハラスメントである。

4.　実習校での機器使用に関して、事前に使用の可否・方法をたずねること。

5.　実習終了後、お世話になった実習校の先生方へは礼状を出すことが望ましい。

以上

（教育実習時の配付資料より一部抜粋）

ちょこっと解説

　近年、主に教育委員会が主体となって、スクール・セクハラの調査を行う地方自治体が出てきました。大規模な調査を行っているのは千葉県と神奈川県です。千葉県は千葉市立学校および市立高等学校を除くすべての公立学校（表1-1）、神奈川県は県立学校（表1-2）を対象としています。千葉県では5万人弱の児童生徒のうち、毎年300〜400人が被害を受けたというデータが得られています。また、神奈川県は自宅で回答し郵送で提出する方法で調査を行っていることもあり、データにおけるスクール・セクハラ被害者・見聞の人数は少なめ（比率にして0.03％程度）になっています。両県とも先進的な対応をしていると評価されていますが、スクール・セクハラの加害者にもなりうる教員が調査にかかわるため、調査結果にバ

表1-1　スクール・セクハラ実態調査結果（千葉県：一部改変）

実施年度	被害率（％）	調査対象者数（人）
2014	0.08	475,631
2015	0.09	475,752
2016	0.07	471,153

注：千葉県の報告書では比率を小数点第2位で
　　四捨五入しているが、上記データは小数点
　　第3位を四捨五入して表記している。

表1-2　県立学校生徒対象のセクハラに係るアンケート調査結果（神奈川県）

実施年度	被害者・見聞人数（人）	調査対象者数（人）
2013	114	約129,000
2014	61	約132,100
2015	52	約133,300
2016	50	約133,300

1章　調査から見えるスクール・セクハラ

表 1-3　教育実習生調査におけるセクハラの実態

実施年度	(実習生の)被害率(%)	(実習生の)見聞率(%)	調査対象者数（人）
2004	3.79	7.31	5,666
2015	3.54	5.89	594

イアスがかかることは否めません。

　千葉県の調査結果に基づくならば、スクール・セクハラの被害者数は 500 人規模の中学校で 0.4 人程度、1000 人規模の高等学校では 0.8 人程度となります。この数値は昨今の報道から受ける印象と大きく乖離しているように思えます。私たちは 2001 年から教育実習生が受けるセクハラについて調査を行っています。2004 年は全国規模の調査を行うことができ、5666 人の実習生から協力を得ることができました。その後も数回調査を続けておりますが、直近の 2015 年は関東地域中心の調査となりました。このデータは 2004 年と比較すると協力してもらえた実習生は少ないですが、私たちがこれまで行ってきた別年度のデータと傾向は変わりません。以下に記す年度のデータで、特に「教育実習生が実習先で見たセクハラ」である見聞率に注目しましょう。表 1-3 にある見聞率は 5〜7％です。低く見積もって 5％としても、前記規模の中学校での被害生徒は 25 人、高等学校では 50 人程度となります。この数は少し多いように感じますが、地方自治体の調査データより現実に近いと考えられます。

20XX 年 6 月 7 日（火）

　明日は、事前にしっかり用意したはずのバレーボールの授業！ 実習指導の佐藤先生のように授業を上手く進められるか不安。しか

し佐藤先生はお酒が大好きみたい。30歳代若手、昨日も今日も「先生方の宴会に行かないか？」と深夜にメールで誘われる。実習でそれどころではないし、実習以外のこんな連絡はイヤだなぁ。「大学の先生から、酒席は行かないようにと指導されています」と、断っちゃった。でも、先週から教育実習している、中学部活で2年上だった高志先輩は断りきれなくて行っているみたい。先輩は先生だけでなく女子生徒にもイジられている感じで辛そうに見えるけど大丈夫かなぁ。

ちょこっと解説

　生徒がセクハラ加害者となるケースも地方自治体の調査でも明らかになっています。神奈川県教育委員会は、この数年、県立高等学校、中等教育学校後期課程および特別支援学校に対してセクハラ調査を行っています（対象者13万人程度）。その結果の一部が表1-4です。調査の回答が個人による郵送対応のため、実際の調査回答者13万人よりかなり少なめと思われますが（回答人数未公開）、回答者の中では加害者の50％近くが生徒となっています。神奈川県の調査は主に高校生を調査対象にしているので、顕著な傾向が現れたと考えられます。また、教育実習生が被害者になっているデータ（表1-5）でも、同様の傾向が見られます。つまり、スクール・セクハラにおいて、「加害者は大人（教職員）だけである」というのは誤った認識といえるでしょう。

1章　調査から見えるスクール・セクハラ　　5

表1-4　生徒がセクハラ加害者であった比率（神奈川県）

実施年度	加害者が生徒の比率（%）
2013	44.44
2014	54.84
2015	55.55
2016	42.11

注：公表された数値に基づき作成。

表1-5　教育実習生調査における生徒が加害者であった比率

実施年度	加害者が生徒の比率（%）
2004	25.95
2015	19.05

20XX年6月9日（木）

　実習4日目も終わり。まだまだ授業は緊張の連続。ところで、なんで化粧のことで文句を言われなくちゃならないのだろう。実技の授業もあるから薄めにしているのに、何人かの先生に「女らしくない」と言われた。ショートカットにジャージで授業している姿を見て「女捨てているみたい！」と生徒からも言われた。どうして実習と関係のない「女らしさ」を言われなくちゃならないのか？　そういえば、「お前、ホントは男じゃないの？」とクラスメイトだけでなく、先生にもいじられている女子生徒を見かけた。いじられている女子生徒は苦笑いしているけど、かなりイヤそうだった。相手が嫌がることを、先生までが言うなんてダメでしょ！

　高志先輩は社会科指導担当の鈴木先生にかなりキツく当たられていた。ちょっと細身で華奢な感じのせいか、「お前は本当に男なのか！」と怒鳴られて、目がうつろになっていた。なんでそんな言い

方をするんだろう。心配だから LINE してみよう。

ちょこっと解説

　これらは性差別型の被害（ジェンダー・ハラスメント）に当たります。地方自治体の調査でも確認されています。千葉県では「男のくせに、女のくせに等と言われ、不快であった」という質問に対する回答結果が出ています（表1-6）。教育実習生に対する調査では「女らしく／男らしくということで、服装・髪型・化粧などについて注意されたり、批評されたりする」の質問に対しての結果で、この被害にあうケースも増加していることがわかります（表1-7）。「女らしさ／男らしさ」を強要することは、学校における LGBT 対応でも近年浮き彫りになっているように、教育現場に深く根づいている問題です。これらスクール・セクハラ被害のデータからも垣間見えます。

表1-6　性差別型被害の回答結果（千葉県）

実施年度	中学生	高校生
2015	33（111）	23（250）
2016	18　（76）	13（155）

注：数値は回答人数。（　）内の数値は
　　全回答者人数。回答は複数回答。

表1-7　性差別型被害を受けた比率（教育実習生調査）

実施年度	被害率（%）
2004	6.98
2015	23.81

1 章　調査から見えるスクール・セクハラ　　7

20XX年6月10日（金）

　明日は体育祭、今日はそのための1日練習でかなり疲れた。

　しかし生徒から噂には聞いていたが、高志先輩の指導担当の鈴木先生のセクハラ教員ぶりには驚いた。女子生徒は男性に身体を触られるのも気にするはずなのに、「お前の胸はすごいなぁ」「ほっぺたも柔らかいなぁ」「今度チークダンス踊ってやるよ」と、女子生徒の胸を触るは、頬に顔をつけるは、やりたい放題。50歳代のオジサンに、ジャージの上からだとしても胸を触られて、生徒はなんで我慢しているんだろう。他の先生たちは見て見ぬふりをしている。どうして？　誰かが訴えれば100％クビになるレベルのセクハラだと思う。

　高志先輩は実習期間中なのに今日は欠席していた。LINEの返事もこない。どうしたんだろう。

ちょこっと解説

　身体接触によるスクール・セクハラも、千葉県の調査で「必要以上に身体を触られ、不快であった」という質問に対する回答結果で確認されています（表1-8）。表1-6の性差別型被害のデータと対象者は同じですので、比較すると身体接触によるスクール・セクハラの特徴が確認できます。教員から生徒への身体接触だけでなく、生徒から教員に対する身体接触（たとえば男子生徒の女性教員への身体接触）のスクール・セクハラ案件も報告されています。

　教育実習生に対する調査では「身体を執拗に眺め回したり、必要もないのに身体に触れたりする」の質問に対する結果からも被害は見えてきます（表1-9）。ただ、近年の実習セクハラ調査においては身体接触の被害は減少しています。これは、適切なハラスメント教

表1-8　身体接触による被害の回答結果（千葉県）

実施年度	中学生	高校生
2015	22（111）	59（250）
2016	14　（76）	41（155）

注：数値は回答人数。（　）内の数値は全回答者
　　人数。回答は複数回答。

表1-9　身体接触による被害を受けた比率（教育実習生調査）

実施年度	該当比率（%）
2004	15.25
2015	4.76

育・情報が流布された結果と推測できます。このことから、スクール・セクハラの身体接触被害を少なくすることは可能と考えられます。

20XX年6月11日（土）

　体育祭は事故もなく無事終了。でもその後の打ち上げは最低！佐藤先生も含めたオヤジ教員たちの間の席を指定されてお酒の"一気モドキ"も強要。「彼はいるの？」とかプライベートをバシバシ聞いてくる。大学の実習指導の先生に聞いたコツで何とかかわしたけど、他の女性の先生方も同じようにオヤジ教員たちのセクハラ被害にあっている。お酌は女性の義務みたいな雰囲気で、イマドキ何を思っているんだか。教員の世界ってこんななの？　強制的な二次会はカラオケ。鈴木先生が、嫌がっているのに女性の先生に顔を近づけて踊っていたのがチークダンス？　あ〜、気持ち悪い！

　高志先輩、今日は体育祭にも打ち上げにも来ていたけれど、女性

1章　調査から見えるスクール・セクハラ　　9

教員も含めた全教員にぼろくそにイジられていた。なんであんなに？ LINE も既読無視のまま。中学時代から変わらず気持ちの優しい先輩は、今までこんなことなかった。大丈夫かなぁ。

ちょこっと解説

　スクール・セクハラは一般的には「教員から児童生徒へ」という図式で考えられていると思われます。しかし、これまでの優羽日記に記されたように「児童生徒から教員へ」というケースもありえるのです。このようなハラスメントが横行する背景に、学校に内在するハラスメント許容体質（たとえば、コラムに記載された「教員同士のセクハラ」）があることが指摘されています。このような体質が表出する場として酒席があります。そのため、教育実習生を実習校へ送り出す大学教員は酒席に行かぬよう事前に注意をしています。

20XX 年 6 月 13 日（月）

　今日は臨時採用の高橋先生の、バレーボール実技と教壇授業の両方を見学。同性の高橋先生の授業は、実習指導の佐藤先生とは別の面で参考になった。でも、高橋先生は特定の男子生徒を集中してからかってイジっている気がする。その生徒は顔では笑っていてもかなりイヤそうだった。これってモラハラにならないんだろうか？逆に高橋先生は、女子バレー部の部長から頻繁にボディタッチをされている。先生が「やめて」といってもやめず、イヤそう。これは生徒からのセクハラ？ 高志先輩は今日も欠席、心配。

ちょこっと解説

　スクール・セクハラにはモラル・ハラスメントも多数含まれると

表 1-10　被害対応の結果（神奈川県）

回答項目	2015（人）	2016（人）
1.　被害を受けなくなった	4	12
2.　被害を受け続けている	14	16
3.　二次被害を受けた	5	7
4.　その他	3	3

表 1-11　被害対応の結果（教育実習生調査）

回答項目	2004（人）	2015（人）
1.　その行為はなくなった	59	8
2.　その行為は一時的にはなくなったが、また始まった	18	0
3.　何も変わらなかった	119	12
4.　行為がかえってひどくなった	7	0
5.　あなたにとって不利な状況になった	6	0
6.　その他	20	2

推測されます。また教育実習生の調査から、児童生徒から教員への
セクハラも性別を問わず存在することが明らかになっています。児
童生徒が被害者になる可能性が最も高いことはいうまでもありませ
んが、教員は加害者になりうると同時に被害者にもなりえるのです。
また、スクール・セクハラに対して被害対応をしても、止まりにく
い特徴を持つことが地方自治体と教育実習生への調査からも確認さ
れています（表 1-10、1-11）。

20XX 年 6 月 14 日（火）

　高志先輩は 2 日連続の欠席、LINE の返信もない。実習指導の佐
藤先生に聞いたら「お前が気にすることではない」と一蹴される。

親身に指導をしてくれる佐藤先生だけど、独身の高橋先生へのボディタッチが多すぎる気がする。それと、3年の女子バレー部部長に、親密さを求めているのか、言い寄る姿もよく見かける。複数の生徒がこの2つの件を噂にしている。どうも佐藤先生は、私だけでなく生徒にも、深夜頻繁に授業や部活に関係ないメールを出しているみたい。私へのメールはちょっとエッチな文面で酒席の誘いが多い。断ると機嫌が悪くなる。佐藤先生は既婚で先日2番目のお子さんが生まれたと聞いたのに何なんだろう。

ちょこっと解説

　スクール・セクハラでメールなどが使われる事例も、調査結果では確認されています（表1-12）。

表1-12　メールなどによる被害（神奈川県）

回答項目	2015年	2016年
携帯電話などで性的な電子メールや画像を送られた	5（63）	4（57）

　　注：数値は回答人数。（　）内の数値は全回答者人数。回答は
　　　　複数回答。

20XX年6月15日（水）

　早朝、高志先輩から驚愕のLINEが届いた。大学院まで行って目指していた社会科教員への道を諦めるって！　学校だけでなく酒席でも「男らしくない」と多くの教員から言われ続けてイヤになってしまったこと。授業を担当した女子生徒からSNSも含めたアプローチがあり、それが性的なものにまで発展しそうで対処できなく困ったこと。そのことを男性教員に相談しにくかったので、若い高橋先

生に相談したら、高橋先生からも性的に迫られてしまったこと。この事態を誰にも相談せず何とか自分だけで対処しようとしたけれど、気がついたら針のムシロ状態になってしまったって。それが体育祭後のあの酒席につながったらしい。信じられない話に「嘘でしょ」とLINEで返したら「誰にも信じてもらえない」という返信があったきりだった。

　午後、例の女子バレー部部長と偶然に2人きりになって、佐藤先生から言い寄られてどうしてよいかわからない、苦痛なのかどうなのかすら今はわからなくなってきていると、相談された。話が始まったタイミングで佐藤先生が現れ、そうしたら、急に彼女は佐藤先生と親しそうな雰囲気になってどこかへ行ってしまった。今日はわけもわからないうちに終わった……

ちょこっと解説

　スクール・セクハラの被害にあったとき、どういった対応をすればよいのでしょうか。調査からも、何もしない、軽く受け流すといった結果が多く見られます（表1-13、1-14）。自分一人ではなかなか

表1-13　被害への対応（神奈川県）

回答項目	2015年（人）	2016年（人）
1．（我慢して）何もしなかった	21	12
2．態度や言葉などで不快と感じたことを相手に伝えた	7	10
3．友だち、家族など身近な人に相談した	18	13
4．伝えやすい先生に相談した	9	9
5．学校の相談窓口に相談した	0	項目4と統合
6．その他	1	9

1章　調査から見えるスクール・セクハラ　　13

表1-14　被害への対応（教育実習生調査）

回答項目	2004年（人）	2015年（人）
1.　ことを荒立てたくないので我慢し、黙っていた	65	8
2.　軽く受け流した	154	13
3.　不快感を態度に表した	27	2
4.　直接、相手に行為を止めるように言った	19	0
5.　他の人（校長／園長、教頭／副校長／副園長、主任、指導教員、大学の指導教員等）に相談した	20	2
6.　校長／園長、教頭／副校長／副園長、主任に相談し、改善を求めた	5	1
7.　相手に対抗手段、ないしは報復手段を取った	2	2
8.　その他	15	0

対応できないこともあります。やはり誰かに相談することが重要と考えます。

20XX年6月17日（金）

　職員朝礼で、高志先輩が健康上の理由で教育実習を中途終了するという報告があった。その後の実習にまったく気持ちが向かわず、授業実習中に佐藤先生に強く注意されてしまった。気持ちが整理できず、佐藤先生に相談しようと、生徒が全員帰った19時過ぎにバレーボール部の部室に行った。すると、佐藤先生と例のバレー部部長が濃厚なキスをしていたのを目撃してしまった。びっくりして部室の外へ飛び出し、着の身着のままで帰ってきた……

ちょこっと解説

　男性教員と女子生徒のスクール・セクハラ案件はマスコミ報道でも少なからず取り上げられています。具体例は2章、3章を参照し

てください。

20XX 年 6 月 20 日（月）

　金曜日のショッキングな事態に、自分だけでは支えきれず、18
日の土曜日に大学の実習担当の先生に相談に行った。大学側の対応
は迅速で、すぐに大学の相談室を紹介してくれ、そこでカウンセリ
ングを受け、やっと気持ちに余裕ができた。それから、私の意志を
確認したうえで、実習担当の先生が私に付き添って教育実習校へ来
てくれた。一緒に校長先生と話し合いをし、教育実習は予定通りあ
と5日間継続することとなる。しかし、実習指導担当だった佐藤
先生は金曜まで不在とのこと。登校していると思われる女子バレー
部の部長とは会う機会がない。何だかわだかまりは残るけど、2人
と顔を合わせないで済みそうで、何とか教育実習を終えられそうな
気がしている。

20XX 年 6 月 25 日（土）

　やっと今日で長かった教育実習が終わった。担当させてもらった
クラスの生徒からは寄せ書きをもらった。ショッキングなことは
あったけれど教員を目指したいと思う。

　例の件では、大学が私に寄り添って適切な処置をしてくれたこと
と、事前に「スクール・セクハラが存在する」という指導があった
ために何とか乗り切れたと思う。この認識がなければ、高志先輩同
様、教育実習を中断してしまったかもしれない。しかし、なぜこん
なスクール・セクハラは起こってしまうのだろうか？ 校長先生と
の話し合いの後、顔を合わせなかった佐藤先生とあの生徒はその後
どうなるんだろう？ 学校も見て見ぬ振りをしているようにも感じ

1章　調査から見えるスクール・セクハラ　*15*

コラム 〈教員同士のセクハラ〉

　同じ学校におけるセクハラでも教員同士では処分もそれほど重くなく、また児童生徒に対するケースのようには知られていません。ところが教員同士のセクハラは少なくないのです。千葉県の県立高校・特別支援学校の教員に対する調査（2016年度）によると、高校では女性教員1.5%、男性教員0.2%、特別支援学校では女性教員0.9%、男性教員0.2%が被害にあっています。セクハラと感じて不快だったものとして、「もうそろそろ結婚しないの？」「そろそろおめでたかな」などと「容姿・年齢・結婚・妊娠を話題にされたこと」「子どものつくりかたを教えてあげようか」などのように「性的な話・冗談等を言われたり、メール等を送られたこと」「パソコンの作業中にマウスの上に手を重ねてくる」など「必要もないのに身体に触られたこと」が主な内容です。

　京都府における「過去3年間（2014〜2016年度）の事例と内容」には被害者のうち、「自校生徒等」へのセクハラが63.6%に対して、教員（同僚）も27.3%と3人に1人弱で同僚から被害を受けていることを明らかにしています（京都府教育委員会 2017）。

　忘年会や歓送迎会等飲酒を伴う会合の席で、あるいは帰路に被害にあうことが少なくありません。またベテラン教員から若手教員や臨時採用の教員へのセクハラは、往々にして学級経営や生徒指導、授業などの「相談にのる」と称しセクハラを行っている例も多く見受けられます。次は教員同士のセクハラで起こりやすい事例です。

【事例】　男性教諭のQはベテランであり、生徒への指導はもとより、教員への助言にも定評があり、最近は若手の女性教諭Rの学級経営に関する悩みの相談にのっていた。ある日の放課後、浮かぬ顔つきであったR教諭を特別教室に呼び相談にのっていたQ教諭は、その途中で、R教諭の手を握ったり、肩に手を回し引き寄せ肩を叩いたりした。

　Q教諭の行動に戸惑い不快感を覚えたR教諭は、後日、管理職に相談した。管理職は、R教諭に対し「Q教諭はいつも親身になって相談にのってくれているじゃないか。手や肩を触られたくらいなら、

たいしたことじゃない。神経質にならず、受け流したらどうか」と話した。管理職の言葉にショックを受けたR教諭は、次第にメンタルヘルス不調の症状がみられるようになり、メンタルヘルス相談窓口に相談した。セクハラの事実を確認した心理士が、本人の同意のもと教育委員会の担当者へ連絡し、担当者がQ教諭に事実を確認したところ、「慰めるために思わずそのような行動をとってしまった」と話した。

(香川県教育委員会 2017 p. 36)

　同僚とはいっても、ベテランの教員から若手教員へのセクハラは上下関係がはっきりして、正面から「嫌です。止めてください」となかなか言い出せないのが実状です。そしてさらに問題なのは相談した管理職がきちんと対応しないことです。セクハラ行為をされて、不快に思っているところに、「たいしたことじゃない。神経質にならず、受け流したらどうか」などと管理職にいわれたら、ショックを受けるのは当然でしょう。結局、この被害者の女性教員は最初のセクハラの次に、管理職から二次被害を受けています。管理職はともすると身内の恥なので、できるだけ穏便に解決したいと考えてしまいます。しかし、さらに被害者を追い込んでしまいました。こうして教員同士のセクハラは、そこで働く教員の職場環境が破壊されるのみならず、ひいては学校が児童生徒の学習環境として壊されることになるのです。「教員同士は大人のこと」と決して軽く扱ってはいけないのです。

られるんだけど、それで解決に向かうのだろうか。母校だけに気に
なって仕方がない。

　以上、実習生"優羽"の日記に記されたノンフィクション的案件
は、実際に日本の学校ですでに起こっていることです。TV ドラマ
のシナリオではありません。

　これからの章では、スクール・セクハラが発生する原因、発生後
の対応、日本の学校に存在するスクール・セクハラを生み出す土壌
などについて詳しい解説をしていきます。

　なお、教育実習における書類の形式（p. 2）に関しては、読者に
わかりやすくするため実際の書式を改変して掲載しました。

2章

事例に見るスクール・セクハラの実態

（藏原三雪）

前章で、教育実習生が見た／聞いた／されたスクール・セクハラ被害について紹介されました。読者の皆さんは学校で児童生徒が教員からセクハラ行為をされ、ひどい被害にあったという話を聞いたことがあるでしょうか。

私は大学で教職科目の講義を担当していました。その講義のときに、残念ながら、学校で教育実習生が教員や児童生徒からセクハラ行為をされることがあるということを話しました。すると、「そう。私の中学校の先生は校門の前で逮捕され、テレビで報道されていてびっくりした」「私の友だちが部活の顧問からひどいセクハラ行為をされて、相談にのったことがある」など、学生からはすぐにさまざまな経験が出されました。このような話が一人ではなく複数名から出ることに、その多さを実感し、被害者や周りの児童生徒たちはどれほど傷ついたのだろうかと考えさせられました。

スクール・セクハラの報道は、新聞やテレビなどのマスメディアではあまり大きくは扱われていません。そのため目につかないことが多いのかもしれません。近年、各自治体の教育委員会は、公立学校の教員の不祥事について国民の目が厳しくなってきたこともあり、教員の不祥事による処分状況を、月に一度公表するようになりました。その中には飲酒運転等による交通事故、個人情報を流失する可能性のある USB 紛失、体罰等を理由とする懲戒処分などがあります。さらに教員から同僚、保護者に対するセクハラ行為、公共交通機関

での痴漢行為から児童生徒に対するわいせつ行為、セクハラ行為も公表されるようになってきました。

　ここではそのように公表された事例を紹介、分類し、それぞれの特徴について考えたいと思います。読むと目を背けたくなるような内容が次々と出てきます。これが本当に「学校の先生の行動なの？」と首をかしげたくなるような事例もありますが、まずは目をそらさないで現実そのものを見てください。なお、ここで取り上げる事例は、教員がその勤務する学校の児童生徒にセクハラ行為をはたらいた場合に限っています。そのため、学校外で保護者や同僚あるいは不特定の成人に対して行った事例は含めてはいません。

　スクール・セクハラは以下のように分類されます。この分類については後で詳しく触れますが、児童生徒たちが不快に感じることでセクハラは成立します。「生物の時間に授業と少し離れた内容で性的な話をされ不快であった」（千葉県調査）というような、教員としては他愛のない話と思って授業のときに取り上げたことを「不快」と感じる児童生徒がいます。これが「セクハラか」と思う読者もいるかもしれません。このような事例から刑法の強制性交等／わいせつ罪などに触れる行為に当たる犯罪型まで、セクハラと一口にいっても幅広くあります。

　①刑法の強制性交等わいせつ罪などに触れる行為に当たる犯罪型
　②マッサージ／スキンシップ／体育実技等での補助など身体接触型
　③児童生徒に性的羞恥心を引き起こす懲罰型
　④着替えをのぞく／水着姿や身体計測時にじっと見るなどの観賞型
　⑤体型や容姿に関することをいう／いやらしい目で見るなどのか

らかい型

⑥修学旅行の持ち物検査／生理時のやりとりなどのプライバシー
　侵害型

⑦性別役割に反した言動を否定／即した行動を肯定するなどの
　ジェンダー型

⑧スマホや無料アプリ LINE 等の SNS 利用型

■刑法の強制性交等わいせつ罪などに触れる行為に当たる犯罪型

　犯罪型セクハラが教員から児童生徒に対して行われた場合は、ほとんど懲戒免職処分が下されます。ここで 8 つの事例を取り上げます。被害者は小学生、中学生、高校生までいて、加害者は男性教員が大半ですが、女性教員もいます。

【事例 1】　区立小学校男性教諭（26 歳）は以下の理由で懲戒免職処分となりました。「2017 年 6 月下旬頃の日の午前 10 時 25 分頃から同日午前 10 時 30 分頃までの間等に、勤務校において、両足の大腿部の上に同校児童を座らせるとともに、両手のひらで着衣の上から同児童の腰等を触り、同児童に不快感を与えた。同年 7 月上旬頃の日の午前 10 時 25 分頃から同日午前 10 時 35 分頃までの間等に、同日において、両足の大腿部の上に同児童を座らせるとともに、両手の指で着衣の上から同児童の下半身を触り、同児童に不快感を与えるなどした」　　　　（東京都教育庁 2018 年 8 月 2 日）

　小学校教員が同じ学校の児童に対して休み時間に膝に座らせながら、わいせつ行為に及んだといいます。わずか 10 分間の児童にとって大切な休み時間に、教員の行為によって児童の尊厳が傷つけられ

2 章　事例に見るスクール・セクハラの実態　　21

たのです。ほとんどの保護者も児童も、小学校の担任の教員がセクハラ行為の加害者になるとは思ってもいないことでしょう。児童生徒たちは、学校・教室という安全・安心な環境で勉強できると思って、毎日登校しています。しかしその信頼を裏切る行為が、当の学校・教室で行われてしまったのです。

【事例2】 「勤務校の男子生徒のスマートフォンのアプリで『抱きしめて』などとメッセージを送り、遊園地の観覧車内でキスなどをした区立中の女性教諭（43）を懲戒免職処分とした」

（東京都教育委員会 2018 年 1 月 30 日発表）

【事例3】 北海道公立高校（十勝管内）男性教諭（23）は「2017年 10 月 21 日（土）から、生徒と私的な内容のラインをやりとりするようになり、同月 28 日（土）14 時頃及び同年 11 月 5 日（日）21 時頃、自宅で性行為を行った」

（北海道教育委員会総務政策局教職員課 2018 年 1 月 30 日懲戒免職処分）

【事例4】 埼玉県立高校男性教諭（27）は「2017 年 3 月 16 日（木曜日）から 2017 年 3 月 23 日（木曜日）までのある日、所属校に在籍する女子生徒 1 名に対し、校外において、みだらな行為を行った。また 2017 年 5 月 2 日（火曜日）から 2017 年 6 月 2 日（金曜日）までの間、所属校に在籍する別の女子生徒 1 名に対し、校内において、抱きしめる、唇にキスをする、太腿に触るなどのわいせつな行為を行った」

（埼玉県教育委員会 2018 年 3 月 19 日懲戒免職処分）

【事例5】 千葉県教育委員会は「放課後の準備室で女子生徒に履歴書の書き方の個別指導をした際に胸を触った」として、千葉県立高等学校の男性教諭（26）を 2017 年 7 月 19 日に懲戒免職処分に

しました。同時に県教委は女子生徒へのわいせつ被害を防げなかったとして、同校男性校長（58）を減給３カ月の懲戒処分としました。

（産経ニュース 2017 年 7 月 20 日）

　事例２から５はいずれも懲戒免職処分になったわいせつ事例です。男子生徒を遊園地に誘い「キスなどをする」女性教員、自校の女子高校生に「みだらな行為を行った」男性教員と、どうしてと首をかしげたくなる事例が少なくないことがわかるでしょう。

　中学生や高校生になると担任の教員に進路相談をしたり、履歴書の書き方を教わったり、試験に向けて「もっと勉強がわかるようになりたい」と教科担当の教員に補習を直接お願いする生徒もいます。そうした生徒たちが、教員と一対一で空き教室や進路指導室など周りに人がいない空間で、わいせつ行為の被害にあっています。「先生、お願いします」と頼んでいた生徒にとって、まったく予想だにしていなかった事態に遭遇してしまっています。

　また中学生や高校生になると多くの生徒が部活動に参加します。最近の学校選びには、どのような部活があるかが大きな選択の基準にもなっています。保護者も、子どもたちの願いを叶えられるものなら叶えてあげたいといいます。生徒たちは、小学校までサッカーをやっていた、野球をやっていた、思い切りテニスをしたいなどの期待を持って、中学校や高校に進学してきます。しかし、その部活動で顧問の教員やコーチからセクハラを受ける部員が後を絶ちません。次の事例はそれぞれ部活動の顧問である教員から生徒へのセクハラです。部活動におけるセクハラについては後で詳しく見ます。

【事例６】　公立中学校男性教諭（27）は「（2017 年）２月初旬から

2 章　事例に見るスクール・セクハラの実態　*23*

７月中旬ごろまで、部活動で指導していた女子生徒１人に対し、放課後の空き教室や校外の車の中でキスなどをした。女子生徒の携帯電話を見た保護者が、教諭からの親密な内容の連絡に気づき、学校に相談。教諭は『電話やメールでやりとりするうちに、恋愛感情を抱いてしまった』と話したという」千葉県教育委員会は2017年8月男性教諭を懲戒免職処分にしました。(千葉日報 2017 年 8 月 3 日)

【事例7】 採用１年目の 20 代男性教諭は部活動顧問で、「無料通信アプリ LINE（ライン）でやりとりするようになった。教諭が誘ったことを機に、２回ドライブに出かけ、うち１回は車の中で抱きしめたりキスしたりしたという。生徒の友人が担任に伝え発覚した」

(京都新聞 2017 年 8 月 24 日)

　２つの事例は、20 代の男性教員が女子生徒に対して「部活動で指導していた女子生徒１人に対し、放課後の空き教室や校外の車の中でキスなどをした」「２回ドライブに出かけ、うち１回は車の中で抱きしめたりキスしたりした」というわいせつ行為の事例です。スマホやケータイなどの無料通信アプリを使ったやりとりから「親密な関係」ができたと教員が錯覚し、セクハラ行為に及んでいることがわかります。セクハラ行為の場所として、「空き教室」「車」がたびたび登場します。

　大人からの、将来ある児童生徒へのわいせつ行為は犯罪です。児童生徒の今後や周りの反応を危惧して、警察への被害届を出さない事例も多いですが、そのためにかえって解決を遅らせてしまうこともあります。校長等の管理職が児童生徒の状況を的確に判断し、保護者とよく相談し、できるだけ早い解決へ導くことも大切な取り組みの１つといえるでしょう。

■マッサージ／スキンシップ／体育実技等での補助など身体接触型

　身体接触をともなうセクハラも、小学校・中学校・高校・特別支援学校とさまざまな校種で行われています。授業中の教室で、児童生徒の「頭をなでる」「髪の毛を触る」「腕を触る」「パソコンの指導の際に、マウスに乗せた生徒の手の上に手を重ねる」といったものから、体育の授業などで「ふとももを触る」「胸を触る」といったことがあげられています。

【事例8】　公立小学校の男性教員（講師：27）は「（2017年）6月下旬、勤務校の教材準備室で休み時間に、女子児童一人の上半身や足を数分間触った。女子児童が保護者に『嫌な思いをした』などと伝えて発覚。講師は『かわいい子だと思っていて、2人きりになった際、触れてみたくなった』と説明したという」千葉県教育委員会は男性講師を懲戒免職にしました。　（千葉日報2017年8月3日）

【事例9】　公立小学校男性教諭（33）は「2017年11月2日（木曜日）から2017年11月10日（金曜日）までの間、当時、在外教育施設派遣教員として勤務していた日本人学校において、同校在籍の女子児童2名をそれぞれ個別に同校の資料室に連れ出し、計4回、スカートの服装のままブリッジなどのポーズをさせ、児童の身体を触るとともに、動画撮影し、当該教諭所有のデジタルカメラに保存した」　（埼玉県教育委員会2018年3月19日懲戒免職処分）

【事例10】　北海道オホーツク管内の公立高校男性教諭（25）は「2017年7月上旬頃から11月中旬頃までの間、学校敷地内において、複数の生徒に対し、不必要な身体接触や不適切な発言を繰り返し、嫌悪感を与えた」

（北海道教育委員会2018年1月17日当該男性教諭を停職3カ月懲戒処分）

【事例11】 教員の授業をサポートする教科助手（臨時的任用職員）が、次のようなセクハラ行為を特定の女子生徒にはたらいたとして、2017年9月29日付で停職12箇月の懲戒処分となり、同日付で依願退職しました。

「当該職員は（2017年）5月下旬から8月下旬まで所属校の複数の女子生徒と通信アプリを使い、禁止されている私的な連絡をしていたほか、特定の女子生徒に対して不適切な内容のメッセージを送った。また所属校の女子生徒と教室で2人きりとなったうえ、頭をなでる行為をし、特定の女子生徒に対しては頬をつまむ、二の腕に触るなどの行為や抱きしめる、交際を申し込むといった不適切かつセクシュアルハラスメントに該当する行為をし、そのほとんどを勤務時間中に行った。さらに特定の女子生徒と校外で会い、一方的に肩を抱く、抱きしめる、キスをしようとするなどのセクシュアルハラスメントに該当する行為をした。これらの行為は生徒が8月下旬に学校に相談して発覚した」　　　　（横浜市教育委員会）

　これらの事例は、「生徒の身体を触る」「不必要な身体接触」「頭をなでる」「頬をつまむ」「二の腕を触る」「抱きしめる」など教員から児童生徒に対する身体接触をともなうセクハラ行為です。

　「身体接触をともなうセクハラ」には次のような事例もあります。

【事例12】「ある男性教員は、指導上必要もないのに、放課後、補習すると言っては特定の女子生徒を教科研究室に呼び出し、肩をもませたりしている」　　　　（神奈川県教育委員会）

【事例13】「女子バレー部顧問の男性教諭Gは、実技指導をした後に筋肉痛になることから、約半年の間に30回程度、G教諭の腕

や太腿部を数人の女子部員にマッサージをさせた。女子部員は、言葉に出して断ることはなかった。G教諭は、部活動の指導を行ったことで筋肉痛になっていることから、女子部員にマッサージをさせることに何らの問題もないと思っていた。後日、マッサージをさせられた女子部員の保護者から学校に抗議があった」

(香川県教育委員会 2017)

【事例14】「ある女性教職員は、指導上特に必要もないのに、生徒の肩に手をかけたり、身体に触れながら話をする癖がある。本人は親しみの表現のつもりだが、いやがっている男子生徒もいる」

(神奈川県教育委員会)

　事例12、13は、教員の肩を児童生徒にもませる、教員の腕や太腿部を生徒にマッサージさせるという、生徒から教員への身体接触を求めている事例です。これに対して事例14は、教員が生徒の肩に手をかける、身体に触れながら話をする事例です。児童生徒たちはこうした行為に対して、どちらの場合もセクハラ行為と受け止めています。教員は、父親のような気分で「肩をもんで」と女子生徒に声をかけたかもしれません。しかし部活の男性顧問が「腕や太腿部を数人の女子部員にマッサージをさせ」るような行為は、明らかに異常行為といってよいでしょう。生徒の身体を触りながら話をするといった場面は、学校で見受けられる光景かもしれません。でも児童生徒は必要以上に密着して教員と接することを望んではいません。

【事例15】「学習指導に熱心な5年生担任の男性教諭のHは、放課後、学習が遅れがちな児童や希望する児童に対して、保護者の了

解のもとに補充学習を行っている。このような中、女子児童Iに対して、身体を必要以上に近づけて個人指導を行い、時折、頭を撫でたり、肩に手を置いたりした。児童Iは、分かりやすく教えてくれる熱心なH教諭に感謝の気持ちをもちつつ、反面、自分が特別扱いされているという不快な気持ちも抱いていた。児童Iは、不快な気持ちをなかなか言い出せなかったが、思い切って母親に相談し、多感な時期の子どもを心配した母親から学校に事実確認と改善要求があった」

(香川県教育委員会 2017)

　放課後の「補充学習」という思いもよらない場面で、教員から身体を触られることに対して「嫌悪感」を抱くのは、小学生も同じということがよくわかる事例です。

　先の犯罪型セクハラと同じように、身体接触型セクハラも部活動中で行われることが多いのです。

【事例16】「男性教諭のGは、陸上部の顧問であり、全国大会で数多くの入賞者を出すなど、指導力には定評があった。また、教員と生徒との関係を厳格に徹底させるなど厳しい指導で知られていた。

　G教諭は、部活動の指導中、学校のグラウンドにおいて、顧問の立場を利用し、女子部員数人に対し、マッサージを装い、胸や臀部を触るなど強いてわいせつな行為を行った。後日、女子部員の保護者から学校に抗議があり、G教諭は、強制わいせつ罪の疑いで警察に逮捕された。」

(香川県教育委員会 2017 p. 10)

【事例17】　横浜市教育委員会の懲戒処分事例（40歳代の中学校教諭）です。この教諭は以下の行為により免職（退職手当全額不支給）の懲戒処分を受けました。

「当該教論は、顧問をしている運動部の女子生徒に対して、体罰やセクハラ行為をし、暴言を吐いた。

体罰については、『後頭部を掴んで引き倒す・押して首がしまる』『鎖骨付近を突く・拳で殴る』『練習時にいきなりボールをぶつけ目に怪我をさせる・口の中を切る・ミーティング時にボールをぶつける』『尻やふとももを蹴る』等の体罰行為を生徒11名にした。

セクハラについては生徒6名に対し、手の平でお尻を触る、お尻を持ち上げる、資料を見る時、横から肘で胸を触る、練習時に胸を触る、足や腰のマッサージや手で尻を叩く等の行為をした。

暴言については、生徒9名に対し、身体や容姿に関わることや、人権的に問題のある発言などをくり返し、教員として不適切な発言をした。

当該教論は、過去にも部活動における体罰行為を行っており、当時の校長から注意、指導を受け、当該教論も二度と行わないよう誓約していたにも関わらず、今回再度起こした行為である。」

(横浜市教育委員会事務局東部学校教育事務所教育総務課：処分日2016年10月20日)

これら2つは運動部顧問によるセクハラ行為の事例です。部活動の中で見受けられるセクハラは、「マッサージを装い、胸や臀部を触る」「手の平でお尻を触る」「お尻を持ち上げる」「肘で胸を触る」「練習時に胸を触る」「足や腰のマッサージ」など身体接触によるセクハラ行為であることがわかります。

事例16は、全国大会の入賞者を出すような陸上部の顧問によるセクハラ行為です。

事例17は、部活動でセクハラ行為をはたらいた人物が部活動における体罰行為に加えて「生徒9名に対し、身体や容姿に関わるこ

とや、人権的に問題のある発言などをくり返し」ていたことも明らかにされました。こうした行為をされた 11 名もの部員はもちろん、そばで見ていた部員たちもどれほどの恐怖を感じたのでしょうか。

　1章で紹介された神奈川県や千葉県の児童生徒に対するアンケート調査にありましたように、児童生徒は必要もないのに体に触られることに対して不快と感じています。中にはすぐに「いやだ」「触らないでほしい」と直接気持ちを伝えられる児童生徒もいますが、少数です。たいていは周りの友人や信頼のできる教員や保護者に相談するか、「我慢してしまう」場合も少なくありません。

　「髪を触る／頭をなでる／肩に手を置く」といった行為は、後で説明する「からかい型」のセクハラと同じように、意識的な行為ではないとされ、深刻なセクハラ行為とはみなされない場合があります。「小学生は、まだ子どもだからスキンシップによって教員と子どもとの関係がより密接になるだろう」「中学生なら少しのボディタッチくらいは許されるだろう」と考えての行動だろうと、善意に解釈する人たちもいるかもしれません。確かに小学校教員の中には児童を膝の上に乗せ、それを批判されると「どこが悪い」と切り返していた人もいました。また「小学生はまだ幼い子ども」と思い込み、スキンシップによって学級運営を進めれば上手くいくと公言する教員もいます。果たして本当にそうなのでしょうか。

　児童生徒たちは、教員から勉強や部活で新しい知識や技術を教わりたいとは思っていても、意味のないスキンシップによって親密な関係になることは望んではいません。小学生・中学生・高校生に対して、幼いわが子を扱うような態度で接することは許されないのです。児童生徒は、意味のない身体接触に対して、教員に「嫌悪感」「憎悪」こそ抱きますが、少しも親近感や信頼感を増すことはない

のです。

　実際、教室で同級生（女子）が授業担当の男性教員から頭をなでられている行為を目にした生徒が、「私たちは、こんなことがされている教室で、まだこんな先生の授業を受けないといけないのですか」と怒りを露わにした場面に遭遇したことがあります。セクハラ行為が行われている教室は、たとえその行為が自分に向けられたものではないとしても、学習環境としてふさわしくないと生徒はみなしたのです。また女子生徒がセクハラにあっている教室にいた男子生徒も、女子生徒と同様に教員を批判し、不快感と憤りを隠しません。こうした環境では、いったん壊れた教員と生徒の信頼関係の回復は困難で、次の授業から教員がいくら熱心に授業を行おうとしても、生徒からの拒絶反応は収まりません。

　身体接触をともなうセクハラは、ほかに、教育実習生の反省会の場で管理職が実習生の身体を触ったという事例もあります。ある公立中学校で教育実習の反省会の際に、管理職がお気に入りの実習生を隣に座らせ、その会の間中、実習生の膝をずっとなで回していたことがありました。それを目の当たりにしたほかの実習生はショックを受け、「校長先生がみんなの目の前で、自分の隣に座らせた実習生の膝をずっとなでているんです。見ていてとても不快でした。私はこんな学校で教育実習をしたのかと思うととてもがっかりしました」と語っていました。このような環境にある学校で教育実習をしたということが、実習生を深く傷つけるのです。

　身体接触によるセクハラは、授業中、部活動中あるいは放課後など、どのような場面であっても、被害にあった児童生徒はもちろんのこと、そうした行為を見た／聞いたほかの児童生徒も不快に感じ、傷ついています。教員が考えるように軽く流す／我慢することは難

2章　事例に見るスクール・セクハラの実態　　31

しいのです。セクハラ行為をした教員に処分が下される際に「信用失墜行為」という言葉が使われますが、被害を受けた児童生徒からすると、信頼していた教員に裏切られた気持ちになります。それだけではなく、自分はこのような教員に教わって、この学校で何を学んだのか、学んできたことは自分の人生にとって本当に意味のあるものなのかといった根源にまで疑問を持ち始める児童生徒も出てくるのです。こうしてセクハラ行為をした一人の教員のために、学校が教育機関としての信用を失墜することにもなるのです。

　児童生徒は、被害がなくなった後もセクハラ行為をはたらいた教員を許せないという気持ちを強く持ち続けます。そして直接の被害者のみならず、そうした行為が行われた教室・学校で一緒に学ぶ児童生徒も、環境型のセクハラ行為の被害者となるのです。セクハラは行為そのものが問題ですが、児童生徒の人生までも変えてしまうこともある重い加害行為なのだということを知ってほしいと思います。

■児童生徒に性的羞恥心を引き起こす懲罰型

　あるとき、研究室で学生が話していました。

・「私が小学校の時宿題を忘れると、担任（男性）の先生が罰でキスをするというのがあったんです。それが嫌で嫌で宿題を忘れないようにしていました」。聞いていた研究室のほかの学生もびっくりしました。

・ある部活動の顧問は、練習のメニューをこなさないと、罰として男子部員に下半身何もつけずに走らせるということをさせていました。見ている部員もとても耐えられなかったといいます。

・バレーボール部では試合に負けると、女子部員と男性顧問が抱

擁するということがなされていました。

こうした事例は、いずれも児童生徒に性的羞恥心を引き起こし、大変なストレスをかける懲罰型セクハラです。宿題忘れや練習のメニューをこなせないと罰を与えるのは、教員がよく思いつく行為です。しかし、それによって児童生徒が受けるストレスについては思いが至らないのでしょうか。あらかじめ児童生徒に伝えてあるのだから、「忘れた」児童生徒が悪いのだと相手のせいにして教員には非がないと主張することがありますが、果たしてそうでしょうか。そのときキスされた児童生徒はもちろん、そこで一緒に授業を受けるほかの児童生徒にとっても、「嫌悪感」や「恐怖心」を抱かせることになるのではないでしょうか。その意味では、懲罰型セクハラは被害者のみならず周りの児童生徒にとっても、学習環境を悪化させる環境型セクハラといえます。

■着替えをのぞく／水着姿や身体計測時にじっと見るなどの観賞型

「体育の授業で集合時に胸や足をジロジロ見られた」（千葉県調査）

「体育の後、更衣時にわざわざ先生がホームルームに来て不快」（同上）

小学生も中学生、高校生たちも、着替えを見られたり、体育授業でみんなが並んでいるときに、「胸や足をジロジロ見られ」ることは本当に嫌だと思っています。家庭でも、父親が間違ってお風呂に近寄るだけで大騒ぎをする子もいます。体育の後に教員が「早く着替えろよ」などと、次の授業に遅刻がないよう注意するつもりでドアを開けたとしても、それは児童生徒にとっては不快な行為なのです。なぜ学校のプールが外からのぞかれないように、植木やフェンスで囲っているかを考えてみてください。外部からの児童生徒への

2章　事例に見るスクール・セクハラの実態　　33

のぞき行為を遮断するために設置されているのです。それを校内の教員が「ジロジロ見る」行為は許されません。

■体型や容姿に関することをいう／いやらしい目で見るなどのからかい型

【事例18】　ある教職員が、女子生徒に向かって、「そんなに大きな胸だったか。それとも最近太ったのかな」と大声でいった。

（神奈川県教育委員会事例）

【事例19】　私立K高校の運動部の監督が自校の女子部員4人に体罰を繰り返し、うち一人にセクハラ発言もしていました。同校によると、2017年4月から監督に就いた教諭は同7月頃から、部員4人に対し、手のひらや拳で殴ったり、バント練習時に打撃マシンの球を素手で受けさせたりしていました。また、一人には「彼女にしてやろうか」「女子なんだからむだ毛は剃らないと」といった発言もしていたといいます。　　　（朝日新聞2018年1月18日）

　「胸が大きい／小さい」「容姿に対するからかい」など、体型に関するセクハラは頻繁に見受けられます。上記の「最近太ったのかな」のような言動は、小学校高学年から中学校・高校の女子児童生徒に対して投げかけられることが多く見受けられます。

　夏の水泳授業のときに、同様の言葉をかけられた女子生徒がいました。その女子生徒は、以後、水泳のある日は登校できなくなってしまいました。女性として身体に大きな変化が起こりつつあるとき、しかもそれが友だちと比べて違いがあるのかないのか、自分の身体はこれからどんなになっていくのだろうと、心に大きな不安を抱えている児童生徒もいます。そんな児童生徒が「太ったね」「大きな

胸だね」と教員からいわれたことで極端なダイエットを始め、そこから摂食障害に至るということも少なくありません。最近は、小学生からダイエットを始める女子児童もいます。「わたしはご飯を食べると、おまんじゅうみたいな顔になってイヤなの」とどんどん食事制限をした小学生がいました。日夜、自分の身体や体型を気にしている児童生徒は、教員の「最近太ったかな」の一言にとても傷つくのです。

しかし、教員は児童生徒が「太った／やせた」と体型を話題にされることに不快に思ったり、傷ついたりしていることに気づかないことが多いようです。あるいは、たいしたことではないと気づかないふりをしているのかもしれません。

事例19は、部活の監督が女子部員に「彼女にしてやろうか」「女子なんだからもだ毛は剃らないと」などという発言をしています。この事例も明らかに「からかい型」セクハラです。

「彼女にしてやろうか」は男性監督が女子部員に発した言葉ですが、部員を性的な対象として見ていることがはっきりと表れている言動です。部員は監督を性的な対象と見ていないのですから、困惑し、不快な思いをするのです。

あるとき、教育実習生が実習校の教員から胸を触られ、「お前の胸は小さいな」といわれたことがあります。その実習生は、かつて教わった「先生」から予想もしないことをいわれたことにショックを受け、その後体調を崩し、教育実習を終えることさえもやっとのことでした。実習内容も、当初本人が考えていたような研究授業ができず、達成感を感じることができませんでした。その後、実習校へ近づいただけで体調を崩してしまうというほど、大きな心的被害を受けたのです。

2章　事例に見るスクール・セクハラの実態　　35

こうした「からかい型」のセクハラ行為が、文部科学省や各自治体調査の数値に表れるのはほんのわずかかもしれません。しかし、後々心的外傷後ストレス障害（PTSD）を引き起こすほどの深刻なハラスメントであることを理解したいと思います。

　「からかい型」によるセクハラに対して、かつて教員の中には、女子児童生徒の身体の変化を見ながら、「胸が大きくなった」「お尻が大きくなった」などと声をかけるのは、親近感の表れと堂々と主張する人もいました。そのことで保護者、児童生徒たちから苦情を受けることはほとんどなかったと、今でも信じている教員たちもいます。

　しかし、友だちが先生から「胸が大きくなったね」といわれたのを聞き、一方で「わたしは胸が大きくない」と自分の身体に自信をなくす児童生徒も中にはいるのです。自分の身体が年齢にふさわしく成長、成熟していないと心配する児童生徒たちは、女子男子ともに修学旅行などで集団入浴することに恐怖心をいだき、何とか集団入浴を回避したいと望んでいます。教員が投げかけた容姿にかかわる言葉は、当の児童生徒を傷つけるだけでなく、その周りの児童生徒をも傷つけることになるのです。

　児童生徒が「からかい型」のセクハラを訴えたとき、教員や周りの大人から「そんなこと、聞き流せばいいじゃないか」、「大人の社会ではよくある話しだ。重く考えない方がいいよ」などといわれたという話を聞いたことがあります。アドバイスをした人は、「このくらいの言動で深刻に悩むことはない」というつもりだったかもしれません。「からかい型」セクハラ発言をした教員の中には、児童生徒から「嫌だ」と批判されると、「冗談、冗談」「ちょっと口が滑った」などと言い訳する人もいます。また、教員の言動を問題にした

児童生徒が、「冗談くらいでそんなに目くじらを立てる方がおかしい」と逆に非難されることもあります。でも、「その一言で学校に行きたくなくなった」「本当に学校に行くことができなくなった」と語る児童生徒が事実として存在するのです。

　これに関連して、かつて落合恵子さんが「この十年ほどずっと気になっていることのひとつに、『セクシャルハラスメント』が、『性的嫌がらせ』という日本語に置きかえられたことがあります。『嫌がらせ』ではとても軽くしか響かない。『ハラスメント』は、『絶え間ない攻撃』のことです。『セクシャル』がつけば、『性的な絶え間ない攻撃』ということなのです」（落合・吉武 2001 p. 10）と述べていたことが思い返されます。ハラスメントという用語が「（間断なく攻撃して）悩ます」という"harass"に由来する言葉であることの意味を、ここであらためて注目しておきたいと思います。

　「最近太ったね」「お前の胸は小さいね」などの容姿にかかわる言動は、それ以後ずっと児童生徒が自分の身体のことで悩む原因となります。これがまさに「性的な絶え間ない攻撃」を受け続ける状態です。このように考えると、「まさか私の言葉がそれほど相手を傷つけるとは思いませんでした」と後に語られる教員の「反省」は、反省とはいえないでしょう。これは、セクハラ発言を「言葉遊び」（2018 年 4 月の福田財務省元事務次官の発言）と表現し、「軽い事案」とする昨今の傾向と根を同じくすると思われます。

　セクハラは、児童生徒と教員の認識のズレの問題という見方が往々にしてされますが、それはまったく的外れな見方といえます。児童生徒はセクハラ言動に対して敏感に「嫌だ」「おかしい」と感じ、その意見を表明するように変化してきています。そうした児童生徒の認識と、自身の言動は児童生徒を傷つけることはないと思い込ん

でいる教員の認識には、大きな開きがあります。この間には、教員の軽はずみな言動が児童生徒の人権を侵害することにつながるという認識に欠けている根本的問題が横たわっています。

■**修学旅行の持ち物検査／生理時のやりとりなどのプライバシー侵害型**

【事例20】「埼玉県三郷市の市立中学校で11月、20歳代の男性教諭が女子生徒にセクハラ発言をしていたことが市教育委員会などへの取材で分かった。保護者によると、女子生徒は心的外傷後ストレス障害（PTSD）と診断されたという。教諭は依願退職した。市教委や県教委、保護者によると、11月上旬の休日、女子生徒が教諭に補習を依頼。教室で2人になった際、教諭はLINEの交換を求め、性体験の有無など性的な質問をした。『俺解雇になるから絶対内緒ね』と口止めもしたという。約1週間後、様子がおかしいと気付いた保護者が女子生徒に話を聞き、校長らに抗議。女子生徒は通学しているが、保健室で過ごす時間が増えたという。市教委や県教委によると、教諭は不適切な発言をしたことを認め、自分が教諭に適していないとして11月30日付で退職した。校長は取材に対し、『あってはならないこと。再発防止に努める』と話している。」

(読売新聞 2017年12月29日)

　定期試験の結果がよくなかった女子中学生が次の試験では挽回したいと思って「担当の先生に補習をお願いする」ことは、公立学校において特別なことではありません。しかし、教室で教員と生徒が2人になった際、教員がLINEの交換を求めたのは、明らかに生徒のプライバシーを侵害したセクハラ行為です。さらに性体験の有無

などを質問し、「俺解雇になるから絶対内緒ね」と生徒に口止めをしています。つまりセクハラ行為を行った教員は、自身の行為が決して許されることではないことを認識しているのです。それを十分承知したうえで口止めをしているのです。この教員の行為は、「授業でわからないところをわかるようになりたい、学びたい」という生徒の気持ちを踏みにじり、当該教員の欲求のために生徒の大事な時間を利用したということになります。もちろん子どもが「学校で○○先生からわからないところを教わりに行く」と保護者にいえば、保護者は何ら心配することなく送り出すでしょう。しかし子どもは帰宅してから様子がおかしく、またその後、通学はしても教室に入ることができず、保健室で過ごす時間が増えてしまったといいます。この事例は子どもから話を聞いた保護者が校長らに抗議し、発覚しました。この教員は不適切な発言をしたことを認め、自分が教員に適していないとして、その後退職しました。

　LINE のアドレスを尋ねるという誰もがしがちな行為、性的な質問をするという言葉によるセクハラでも、被害にあった生徒は心身ともに不調をきたし、PTSD の発症にまで至ることがあるのです。

　また、「学校の決まり」という理由で日常的に制服のブラウスやシャツの下にどんな色の下着を着けているかをチェックしたり、修学旅行、スキー実習、宿泊研修など、宿泊をともなう行事に持ってきてはいけないものを持ってこないようにと、事前に学校へ旅行カバンを持参し、その中身の点検をするということが行われています。こうした行為も生徒のプライバシーを侵害するセクハラ行為です。

　下着の色まで決めている校則は、最近では「ブラック校則」として問題視されるようになってきました。どんな下着を着けるかは児童生徒それぞれの成長過程と結びつき、教員がよしとするものが、

児童生徒にとって必ずしも気持ちよく着られるものかどうかはわかりません。隠したい傷があるので、黒の下着を着けている生徒がいました。また、男子中学生の中には、学生服の下にあえて赤のＴシャツを着ている人もいました。こうしたことを一切認めないのでしょうか。児童生徒の下着の色を白と決めることは児童生徒を犯罪から守るために必要とされ、そのような規則が定められているといわれますが、果たしてそうでしょうか。

　体育の水泳の授業のときに、「生理中のため、見学させてください」と保護者から連絡しても、「本当にそうなのか」「生理中でもプールには入れるよ」などと繰り返し、見学の理由についてしつこく確かめようとする場合もよくあります。もちろん、スイミングスクールなどで長年練習してきた人にとっては、生理中でも不安がない人もいるでしょう。しかし個人によって体調は異なります。冷えることによって月経痛が増して体調不良になったという人が、生理中はプールを避けたいと思うのは自然な感情でしょう。

　下着チェックや生理時のやりとりなど、個別の事案に対する配慮なしに個人の事情に入り込むことは、児童生徒のプライバシーを侵害していることになり、これもまた児童生徒にとっては「不快」なセクハラ行為の一つといえます。

■性別役割に反した言動を否定／即した行動を肯定するなどのジェンダー型

　ジェンダー型ハラスメントは「女だから○○」「男だから□□」といった性別役割分担の考えに基づく言動、「女／男らしくない」「女／男のくせに」と性別固定観念のもとに発せられる服装、髪型、仕草に対する言動です。どういったものがあるのか見ていきましょう。

40

・ある教員が、文化祭の準備で疲れた様子を見せた男子生徒に、「男なのにだらしない」といった。
・（朝のホームルームで）学級担任が「教室が散らかっています。女の子なら、さっさと気づいて掃除をするようでないと、よいお嫁さんになれません」といった。
・教職員が男子児童に対し、「男子なんだからドアを開けたまま着替えろ」と求めた。
・「なんで女の子なのに、そんなに短い髪型なの？」「ショートで男の子に間違えられると困るから、もっと髪を伸ばしなさい」と教員や保護者からいわれる。
・長髪の男子高校生が「女の子みたいでおかしいよ」と保護者や教員にいわれる。
・パンツスタイルが好きな女子生徒が「女の子らしくスカートをはきなさい」と保護者や教員にいわれる。
・「お前は男なのに保育士になりたいなんて、おかしいのではないか。保育士では一家を養えないから考え直せ」と高校の進路指導で教員からいわれた。
・「男なのに看護師になりたいなんて、何を考えているのだ！ 看護師は女にふさわしい職業だ」と高校の進路相談時に担任の先生からいわれた。
・放課後の掃除のとき、さっさと動いていた女子高生が「私、女子力高いでしょ」と周りの友人に自慢気に話していた。
・中学校で「騎馬戦に出るのが少し怖い」と話したら、先生から「君は男らしくないなあ」といわれた。

これらの言動に対して小学生・中学生・高校生は「それはおかし

2章　事例に見るスクール・セクハラの実態　*41*

い」「不快だ」「嫌だ」と厳しい評価をしています。

　日本では長い間、家父長制の名残もあり、家庭では父親や長男が重んじられ、女性は「おんなこども」という言葉に代表されるように、個性を持った一個人としてではなく、一括りに扱われる風潮が続いてきました。第二次世界大戦後、日本国憲法が制定されイエ制度は廃止されましたが、長い間にしみついた意識は新しい法律の制定によってもすぐには変化していきません。ハラスメントの中でなかなか理解されにくいのがジェンダー型ハラスメントであったのも、こうした歴史的背景を考えればわかります。「男女平等」となったはずの学校で、「女の子が将来困らないように、しつけとして掃除ができるように促している」と、堂々と主張する教員が、かつては少なくありませんでした。

　しかし、近年急速に若い世代の考え方に変化が見られるようになってきました。「男らしく／女らしく」と、行動も進路も言葉も性別で制約されるのは不条理であると意見表明する児童生徒たちが現れてきたのです。小中学校の体験学習で幼稚園や保育所に行った男子児童生徒の中には、進路を保育士・幼稚園の先生と考えるようになる子もいます。高校の物理の授業が面白く、将来は宇宙工学を学びたいという女子高生もいます。両親ともに仕事をしていて「うちではお父さんもお母さんもご飯を作ったり、洗濯をしたりしていたよ」と性別役割分担に違和感を持つ男子生徒の存在など、私たちの暮らす社会は変化してきています。

　中学校や高等学校の進路指導では、「女子には理系は難しい」「女子は保育士や幼稚園の先生、看護師になるのが女らしくて良い選択だ」「女子は４年制大学ではなく短期大学や専門学校程度の進路が適しているのではないか」などのように、「女子だから」という理

由で進路の幅や進路先を制限する言動がなされてきました。また男子に対して、「男は妻子を養わなければならないから、それなりの給料がもらえる会社で働いた方がいいよ」「保育士は一家を背負う給料をもらえないから、男の仕事としてはやめた方がいいのでは」と、進路指導で先生からいわれたと話す学生がいました。学校で、ショートの髪型の女子生徒は「女の子なのにおかしい」といわれ、長髪の男子生徒は「男らしくない」といわれ、服装から髪型まで細かくチェックされています。教員の男性観・女性観から外れると「女なのに／男なのに」という言葉で、「みっともないから、改めなさい」と注意されることがあります。部活動では、男子野球部や男子サッカー部のマネージャーにはほとんど女子がなっています。試合のセットから、日々の部員のサポート、飲み物の用意まで女子マネージャーに負わせていることに疑問を持たずにきてしまった男子生徒も多くいます。もちろん女子マネージャーの中には、「これは私の仕事、生きがいです」と熱心にやってきた人も少なからず存在します。

　教育実習で訪問指導に行ったとき、管理職が女子の実習生に「先生にコーヒーをお出しして」と促したのは、20年以上も前のことでした。その管理職は、「女子の実習生は、ほかのことはできなくともせめてコーヒーくらい出せないと……」と自身の考えを吐露しました。当時の教育実習においては、実習生は教員が出勤する前に学校に到着し、職員室や担当クラスの教室の掃除をすること、とりわけ、女子の実習生には先生方の机の拭き掃除あるいは朝のお茶くみなどが慣習化されている学校が大半でした。

　長く染みついた慣習を変えるのは簡単ではありません。最近でも、実習校・実習園で「女子の実習生に対しては掃除の指導も厳しくし

ています」と、常識のように話す管理職がいました。これは男性管理職に限ったことではありません。他方、男子実習生には「あなたは掃除はしないでいいから、子どもたちと元気に遊んでいて」と指導しています。男性・女性がともに同じ実習校・実習園で実習を行って、目の前で性別によって明らかに異なる評価基準を示され、女子の実習生はとても不快だったといいます。結果、実習そのものに対する実習生の評価も低下し、教職への意欲を削がれてしまったと話していました。

　児童生徒が「男だから／女だから」といわれたくないと強く考えるようになってきたことに、とまどう教員たちもいます。これまでなら「女の子らしく／男の子らしく」という指導は許されたはずではないかと、自己の発言を正当化しようとする教員も少なくはありません。「男女平等からジェンダー平等へ」という国際的な動向の中で、若い世代はいち早くその流れに共感し、行動も変容しつつありますが、教員側の意識とは相当な開きがあると見るべきでしょう。近年のジェンダー型ハラスメントに対する児童生徒の意見表明は、従来の「女だから／男だから」といった膠着した考えそのものに対して、男女問わず異議申し立てが始まっている、と見ると理解ができます。

　ところで、これらのジェンダー型ハラスメントの事例は、懲戒免職処分の対象にはなっていません。そのため、文部科学省の調査結果には反映されていませんし、数値として可視化もされてはいません。しかし、教員の日常的な言動の中にジェンダー型ハラスメントは相当数存在し、知らず知らずのうちに児童生徒を傷つけているという事実は見過ごせません。今後、教員には、児童生徒に対するジェンダー型ハラスメントへの理解を深める努力が求められていくと思

います。

■スマホや無料アプリ LINE 等の SNS 利用型

　従来のセクハラに加えて、以下の事例のように、無料通信アプリ等インターネットを駆使した新たなセクハラ事例が急激に増えてきました。またこれまでの事例からもわかるように、一つの事例にさまざまなセクハラの型が複雑に絡んでいます。

【事例21】　大阪府立特別支援学校教諭（23）は「2017年9月から10月にかけて、女子生徒と私的な LINE のやり取りをした。さらに同教諭は、同年10月、当該生徒を自家用車に乗せて外出した」これをもって大阪府教育委員会は減給3カ月（10分の1）の懲戒処分としました。　　　（大阪府教育委員会 2018年2月9日報道発表）

【事例22】　「女性教諭のUは、担任をしていたクラスの高校2年の男子生徒V（17歳）とある漫画についての SNS でのコメントを頻繁にやり取りをするうちに親密な仲となり、男子生徒Vを、保護者に無断で深夜に飲食店に連れて行った。そこで、U教諭は酒に酔っていたこともあり、他の客もいる前で、男子生徒Vにキスをしたり、服を脱がせようとした。後日、教育委員会に匿名の通報が寄せられ、事実が発覚した。U教諭はわいせつ目的ではなかったと説明したが、教育委員会は警察に告発し、U教諭は警察の事情聴取を受けたうえで、書類送検された。（懲戒免職）」

（香川県教育委員会 2017 p. 20）

　上の2つの事例は「生徒と私的な LINE のやり取り」「ある漫画についての SNS でのコメントを頻繁にやり取り」とあるように、

2章　事例に見るスクール・セクハラの実態　　45

LINEを使って児童生徒と教員が頻繁にやりとりをすることが、親密な関係のきっかけとなったことがわかります。そして生徒との関係はそこで終わりません。そこから「生徒を自家用車に乗せて外出」（大阪府）することになったり、深夜に飲食店に連れて行き「男子生徒Vにキスをしたり、服を脱がせようとした」（香川県）りと、わいせつ行為に及ぶ場合もあります。

　さらに「生徒の裸の画像や動画を自分で撮らせ、十数回メールで送信させた」（京都府）、「校内で生徒に対し、十数回キスしたり体を触った。生徒の裸の画像約10枚を無料通信アプリLINEで送らせた」（同上）、「ツイッターで知り合った女子中学生から、下着を買い受け、全裸姿を写真撮影するなどし、対償を供与した」（大阪府）と、生徒に裸の写真や動画を自分で撮らせ、メールで送信させるなどの事例もあります。以下の場合は、これまでの経験では想像もできない事例です。

【事例23】　「勤務校において、生徒を抱きしめる、同生徒の意向を確認せずに、生徒と2人きりで、生徒の両脚及び両腕を着衣の上からマッサージする、同生徒に対して、不適切な内容のメッセージを約1,600回送信する行為を行い、生徒に不快感を与えた（懲戒免職）」

（東京都教育委員会 2017 p. 6）

　教員が生徒に対して「意向を確認せずに」両脚両腕のマッサージを行い、あげくは同じ生徒に対して「約1,600回もの不適切な内容のメッセージを送信」していたというのです。
　もう一つインターネット社会ならではの事例があります。

【事例24】 Y教諭は、2017年6月頃から、兵庫県内の高校生になりすまし、不特定多数の者に性的な内容のダイレクト・メッセージを送信していました。さらに同教諭は、同年11月、勤務校に在籍する女子生徒にも同様に兵庫県内の高校生になりすまして、ダイレクト・メッセージを送信しました（懲戒免職処分）。

（大阪府教育委員会 2018年2月9日）

　これは、教員が高校生になりすまし、不特定多数の高校生や勤務先の高校生に性的な内容のダイレクト・メッセージを送るというものでした。これまでは、生徒が他の誰かに「なりすまし」、いじめをインターネット上で行うなどの行為は見られてきましたが、教員が加害者のケースは珍しく、かつ悪質な行為といわざるを得ません。

　こうした事例から、あらためて、学校の教員も現代社会という環境で大きな問題となっているさまざまな事柄と緊密に接しながら生活している、という事実に気づかされます。家庭に1台の固定電話なら家族の誰が電話に出るかわかりませんが、使用者が特定される携帯電話やスマートフォンなら、メールや電話でもダイレクトに連絡したい相手に連絡が可能です。メールのやりとりから始まって、次には「休日に会おう」「放課後わからない勉強を教えてあげる」などと連絡をとりあう関係になっていきます。

　メールやLINEなどで教員が児童生徒とやりとりを始めた段階で、すでに児童生徒と親密な関係ができたという思い込みが始まるのではないでしょうか。2人が簡単につながってしまったために、「不適切なメールを約1,600回送信する」「頻繁にやりとりをする」ような行為に短絡的に進んでしまったのでしょうか。児童生徒との連絡には、家庭の固定電話のように家族の誰かを仲立ちにしないとな

らないとすれば、よほどの緊急事態でないと連絡はしないでしょう。本人にダイレクトにつながるメールや LINE だからこそ躊躇なく連絡をしたり、裸の画像を送ってほしいなどと伝えたりすることができるのでしょう。その意味では、特定の個人に連絡のできるスマホや SNS が、教員と児童生徒の関係を「学校の教員と教え子」の関係を超えたところへ持って行ってしまう道具となってしまった、と見るべきではないでしょうか。

こうした傾向に関連して、教育委員会は警鐘を鳴らしています。京都府教育委員会（2017）は、「教職員と児童生徒との私的なメールや SNS の禁止」を打ち出しました。その中で近年の新しい傾向として、「セクシュアル・ハラスメントは職務に関係のない私的なメールや SNS のやりとりが発端となって発生している例が多く見受けられます。このような状況を踏まえ、教員と児童生徒との間で、校務や業務に関係のない私的なメールや SNS のやりとりをすることがないように徹底する必要があります」という認識を示しました。また同じように東京都教育委員会（2017）でも、「第Ⅰ章　子供たちや自分を守る、具体的な行動を考えよう」で、「2　私的なメール、SNS 等の禁止」を掲げています。「携帯電話等のメール、ソーシャルネットワーキング・サービス（SNS）等を、児童生徒等との私的連絡の手段にしてはならない」（p. 6）とあり、いずれも教員と児童生徒との私的なメール、SNS 等を厳しく「禁止」項目にあげています。

しかしながら、教員の LINE 等 SNS を使用した児童生徒とのやりとりは減少してはいきません。誰でも簡単に使えることが誘惑に引きずり込むのでしょうか。教育委員会の「禁止」のかけ声が教員に届かない現状では、これまでと異なるアプローチを考える必要が

あるのではないでしょうか。LINE 等 SNS の使用について、最も初歩的な段階で研修の課題にしなければならないほど、事態は急を要していると思います。

なぜなら、最近の SNS は誰でもすぐにアクセスできるように開発され、かつてのパソコンのように誰かに教わってから使うという手間をかけないでも利用することが可能になりました。児童生徒たちは、幼いときから親のスマホが身近にあるので使用に困難はありません。しかし、そもそも無料通信アプリ LINE がなぜ無料で通信できるか、安くて便利なものにはどこか不安はないのか、といった根本的な教育が十分になされないまま、「安くて便利」「いつでも仲間・家族とタダでつながれる便利なアプリ」といった商業ベースの宣伝によって動かされ、便利の陰に隠れたリスクについては知らないままで来てしまったのではないでしょうか。かつてパソコンやスマホが家庭に入ってきたとき、子どもたちが有害なアダルト・サイトにアクセスできないようにガードするなど、それぞれの家庭で保護者が安全対策をとることが議論され、神経質なほど心配する声も出されていました。それも最近はほとんど問題として取り上げられない状況です。

このような状況を受け、児童生徒にはもちろん教員たちにも、LINE 等 SNS 使用の利便性とともに、ていねいにわかりやすくリスクの啓発をしていくことが大事ではないでしょうか。それと同時に、すべての児童生徒に対して公平に接することが求められている教員が特定の児童生徒と私的につながりを持つことが倫理的になぜいけない行為なのか、それを「禁止」することの意味を再確認することも、あらためて必要と思われます。

■児童生徒の生活空間と見過ごされがちな環境—学校が危ない—

　「はじめに」でも述べられていますが、スクール・セクハラは「学校をはじめ教育の場で起こる性的な攻撃（セクシュアル・ハラスメント）という意味で、性的な暴力のこと」（亀井 2004 p. 7）です。本書で取り上げている「教員から児童生徒へのセクハラ」が行われている「場面」「空間」について、あらためて考えてみたいと思います。

　文部科学省調査（2016 年度）では、わいせつ等で処分された教員の相手の属性は「自校の児童・自校の生徒」で、約半数を占めます。それに「自校の卒業生」を合わせると、半数を超えます。自身が学級担任として、教科の担当者として、あるいは部活動の顧問や監督として教育する立場にありながら、その教育の対象である児童生徒に対してセクハラ行為を行った「先生」が、処分数の半数以上を占めているのです。さらにそうした行為が行われた場面が、「授業中・放課後・休み時間・部活動・学校行事」を合わせると、37％を超えます。そしてその場所は、「保健室、生徒指導室等」「運動場、体育館、プール等」「教室」で 34％になります。

　事例 1 は、10 分休みの時間に児童を膝に乗せるというセクハラ行為からわいせつ行為に及んだケースでした。細かな状況は公表されていませんが、他の児童が校庭に遊びに行った時間に被害を受けたのかもしれません。誰が小学校の休み時間、教室でセクハラの被害にあうと想像しているでしょうか。小中学校では午前中の 10 分間の休み時間に友だちと遊んで発散すると、次の授業が活発になると言われています。そんな児童生徒にとって大切な休み時間も、「子どもが一人でいては危険ですよ」と伝えなければならない事態となっています。このようなケースを見ると、放課後だけでなく、休み時間も危険な時間帯といえます。

実は、学校には死角といえる空間・時間がたくさんあります。見過ごされがちな空間・時間とは何でしょうか。それらはすでに事例から読み取れますが、教室、教材準備室、教科準備室、放送室、保健室、体育館、更衣室（教室のこともあり）、プール、他には教室の前の廊下ですら、セクハラ行為が行われる場となっています。たとえば、廊下ですれ違ったときに、胸を突然触られたという事例もあるのです。これらは同時に、放課後、休み時間に限らず、授業時間中、学校行事等の時間等も「危険な時間」となりうることを示しています。こうして見ていくと、教育活動中、残念なことに校内は絶対安全な空間と断言できない状況にあり、これ自体が深刻な問題です。

■放課後の部活動や部活動の合宿等における事例

　日本の学校では、放課後課外活動として部活動が行われています。運動部は夏休みなど長期の休みに、試合に勝てるチーム作りのかけ声のもと、学校を離れて数日間の合宿を行う場合が多くあります。この合宿中に顧問や監督、コーチからセクハラ被害を受ける部員が出ています。

　身体接触型の事例に取り上げたように、男性顧問が尻や胸を触る、足や腰をマッサージする、などの事例は少なくありません。部活動で指導していた女子生徒に空き教室や校外の車の中でキスなどをしたケース（事例6）を見てきました。中には就寝中の女子部員の布団に入る男性顧問もたびたび問題になっています。

　次のケースも部活動中に行われたセクハラ行為です。

【事例25】　男性教諭のＴは、テニス部の顧問として、女子部員

2章　事例に見るスクール・セクハラの実態　*51*

10名を引率し、大会に参加するために他県へ遠征しました。T教諭は、遠征先で宿泊しているホテルで、部員が就寝している室を夜間に見回りをし、就寝中であることをいいことに、複数の女子部員の下腹部を触るなどしました。3年後、当時の女子部員の一人から警察に告訴があり、T教諭は当初は行為を否定していましたが、他の当時の女子部員への事情聴取により、事実が裏づけられ、準強制わいせつ罪の疑いで、逮捕されました。　（香川県教育委員会2017）

　これは運動部の合宿中（女子部員）のセクハラ被害事例です。昼間の疲れを取ろうと就寝しているときに、「下腹部を触」られた女子部員の気持ちはどれほど傷つき、ショックを受けたのでしょうか。想像に難くありません。3年後に警察へ告訴したという事実はまさに被害にあった女子部員が3年もの間、顧問からの被害にずっと苦しみ悩んでいたことの確かな証です。

　運動部のセクハラは体罰と称する顧問、監督、コーチからの暴力行為と結びついて行われることも少なくありません。事例17は暴力行為・暴言とセクハラ行為が一人の教員によって行われたケースでした。教育委員会は「児童生徒の信頼を取り戻す」とのコメントを発表しましたが、被害を受けた女子部員たちや保護者に対する謝罪の言葉は見受けられませんでした。強豪校といわれる運動部の場合、体罰と称する暴力行為もマッサージを装ったセクハラ行為も、「チームを強くしたかった」「指導に熱心のあまりにしてしまった」「身体の状態をしっかり見ておきたかった」などと教員の心情が語られることが往々にしてあります。

　しかし多数の部員が女子部員への暴力行為や太もも等へのマッサージを目にしたらどんな気持ちになるでしょうか。学校には何人

もの教員がいますが、その中のたった一人の教員のセクハラ行為・暴力行為によって被害者はもちろんのこと、その学校の在校生・卒業生も誇りを失い、言葉に言い尽くせない傷を負ってしまうことになってしまうのではないでしょうか。

　部活動では、「チームを強くする」「試合に勝てるチームにする」という大義名分のもとに、顧問と部員、顧問とマネージャー、監督と部員が日々長時間一緒に過ごしています。部員は試合に勝ちたいという気持ちのあまり、顧問や監督のいいなりになってしまう傾向にあります。男性教員から女子部員への「マッサージ」や身体の筋肉の状態のチェックなどと「名目をつけた行為」を、断りきれない状況に置かれています。また、そうした行為を問題視する生徒や保護者がいても、「子どもたちのために、チームのために熱心に指導してくださった結果起こったことなので致し方ない」と擁護する保護者の存在もあり、なかなか問題が明るみに出ないこともあります。その結果、問題がどんどん奥深く入り込み、表に見えない形で進行し、問題とされたときには被害者も増え、深刻化していることも少なくありません。

■セクハラ被害は交通事故・不審者の加害行為による事故ではない

　学校は本来、教育課程に沿った教育・学習活動が展開されています。その最中に児童生徒がセクハラ被害にあっていることになります。放課後、車で児童生徒を校外に連れ出すにしても、きっかけは授業だったり、進路相談、部活動だったりすれば、やはりそれは教育活動中に起こったことになります。つまり、児童生徒も保護者も誰もが、最も安心して身の安全が守られていると思われている時間帯と場所において、想像を超えてその時間・その場が危険な状況に

2章　事例に見るスクール・セクハラの実態　　53

置かれているということになるのです。こうした状況を誰が想像できるのでしょうか。

　通学路で深刻な自動車事故に遭遇してしまうニュースは、後を絶ちません。子どもたちが交通事故にあわないように、児童生徒に、道路を歩くときは「みぎひだりをよく見てわたりなさい」「友だちとおしゃべりに夢中になっていると注意がおろそかになって危険ですよ」「自転車通学のときは2人並んで走ってはいけません」などと、警察の協力も得て交通安全教育が熱心に行われてきました。夏休み前などには、「夕方暗い道を一人で歩くのは痴漢にあい危険なので、誰かと一緒に帰りなさい」と注意されることもあります。さらに、東日本大震災以降、どの学校でも防災教育に力を入れ、「身の安全を守る」ために避難訓練が頻繁に行われています。

　しかし、授業中の教室で、あるいは休み時間に呼び出された生徒指導室で、「セクハラ行為が行われるおそれがありますから、一人では行ってはいけません」と注意するような「特別な安全教育」はなされてはいません。そもそも学校は、児童生徒がともに教育を受け、学習活動に参加して国民として必要な知識を身につけると同時に、精神的体力的にも成長発達を遂げる場であるという共通理解がされています。したがって、児童生徒はそこで常に「身の安全」を考え、身構えて生活してはいません。そうであってこそ、学校でのびのびと学ぶことができるのです。児童生徒は「学校は安全だから」と、無防備な状態で生活しているといってよいでしょう。学校におけるセクハラ行為は、その大切な場が危険にさらされ、「身の安全を守ることができなくなった」状態を作ることになるのです。

■学校を安全な環境に

　2001年の大阪教育大学附属池田小学校における小学生無差別殺傷事件や、2005年の大阪府寝屋川市立中央小学校への不審者の侵入による痛ましい事件以後、文部科学省は学校施設の防犯対策事例集（文科省大臣官房文教施設企画部）を出し、「児童の安全確保を第一」に考えた防犯対策を細部にわたって示しました。そこでは、外部からの不審者の侵入をどのような対策によって防ぐか、校内に死角をいかに作らないかということに関心を集中させてきたようです。ある東京都内の小学校では、不審者が学校に侵入していないかを確認するために、休み時間に巡回する教員の係を決めていると、メディアで紹介されたこともあります。

　ここでは、児童生徒の安全を守るという視点から、学校保健安全法に注目したいと思います。学校保健安全法は、「学校における児童生徒及び職員の健康の保持増進を図るため、学校における保健管理に関し必要な事項を定める」と第1条前段にあり、どちらかというと児童生徒の健康診断、感染症予防など、「児童生徒及び職員の健康の保持増進を図る」ことを目的とした法律と受け止められてきました。しかし後段には、「学校における教育活動が安全な環境において実施され、児童生徒等の安全の確保が図られるよう、学校における安全管理に関し必要な事項を定め、もつて学校教育の円滑な実施とその成果の確保に資することを目的とする」とあります。そして「第3章　学校安全」の第26条には、「学校安全に関する学校設置者の責務」が定めてあります。学校設置者には、「児童生徒等の安全確保を図るため」に「事故、加害行為、災害等」により生じる危険を防止する責務があるとしています。

　以上のように、学校保健安全法は、児童生徒の健康管理を行い、

2章　事例に見るスクール・セクハラの実態　　55

コラム〈児童生徒のパワー・ハラスメント批判〉

　最近はセクハラ以外にパワー・ハラスメントやモラル・ハラスメント等も大きな社会問題になってきました。そうした社会の変化を受けて、児童生徒たちは教員の力ずくの言動や人格を否定した発言に対して「ハラスメント」とみなしていることが、2017年度千葉県調査からわかってきました。千葉県は従来のセクハラと体罰以外に「セクハラ以外のハラスメント」という項目を立てて調査をしたのです。

　「セクハラ以外のハラスメントを受け不快と感じた」人は全体で0.16％（実数763人）に上り、セクハラ被害の2.5倍にもなっています。セクハラ被害よりも多くの児童生徒が具体例をあげています。

　いくつか抜粋すると以下の通りです。

＊「家畜以下だ」と言われた。

＊「学習障害か」と言われた。

＊おかしいところを指摘して口論になった時、成績を下げるとおどかされた。

＊部活動の練習試合で、顧問からプレイについて強く指導された際に「お前は使えない、いらない」と言われた。

＊先生からの暴言で精神的に追い込まれている。

＊教員が自分や友だちのことを馬鹿にして笑いをとろうとする。

＊生徒が傷つくであろう発言があった（更衣室で「くさい」「お風呂に入っていない人がいるでしょう」という発言）。

　児童生徒たちは、「家畜以下だ」「くさい」「お風呂に入っていない人がいるでしょう」などのような言動をハラスメントと認識しています。「お前は使えない、いらない」という言葉によって、児童生徒は「品物」のように扱われ、一人の人格を持つ存在として見られていないと感じているのです。問題なのはこうした教員の言動が授業、生徒指導、部活動など正規の教育活動中に行われていることです。教育委員会は、これらの教員の言動に対して「教員から児童生徒に対するセクハラ以外のハラスメントについて、深刻な内容はなかった」と評価しています。

　しかし、「学習障害かと言われた」「家畜以下だと言われた」と訴えている児童生徒たちが傷ついていないと言えるのでしょうか。同じ言

葉を自分自身に投げかけられたらどのように感じるか、想像をして下さい。「先生からの暴言で精神的に追い込まれている」と答えた児童生徒にとって、そのハラスメントは深刻ではなかったのでしょうか。どのようないきさつからその言葉が使われたのかはわかりませんが、「家畜以下だ」との言葉は、いわれた当事者以外の児童生徒たちをもおとしめるだけでなく、結果として教員自身をもおとしめることになります。

　人格を持った一人の人間として児童生徒を尊重すれば、「家畜以下だ」というような言葉は出てくるはずがありません。「学習障害か」の言動は、いわれた児童生徒に対する人権侵害であると同時に、学習障害により日々困難を抱えながら学校生活を送っている児童生徒たちに対する人権侵害にもなる、という面も見落とせません。こうした教員の言動はパワー・ハラスメントやモラル・ハラスメントといわれますが、権力を持った教員から力を持たない児童生徒へのハラスメントという意味で、セクハラと同じ根っこから起こっているといえます。さらに問題なのは、こうした言動が許されるということを授業や生徒指導の場面で児童生徒に教員が「教えている」ことになるのです。児童生徒のハラスメント批判をどのように受け止めるかについて、学校現場での議論が望まれます。

2章　事例に見るスクール・セクハラの実態　　57

感染症等から守ることのみならず、事故、加害行為等により生じる危険の防止をうたい、外部からの不審者が学校に入り込み、児童生徒に危害を加えるのをいかに予防するかということに主眼が置かれています。ここでは、学校内部の教員によるセクシュアル・ハラスメントに対する防止対策は想定されていません。

　しかし、これまで見てきたようにさまざまな事例が出てきているのですから、学校に所属する教員が行うセクハラ行為から児童生徒を守ることも、学校安全の課題の必須要件に含めて考えるべきではないでしょうか。この法律に照らして見ると、学校という教育・学習空間におけるセクハラ行為は、まさに児童生徒にとって「安全な環境」の破壊であり、「安全の確保」が図られていない状態であり、そこでは「学校教育の円滑な実施」は望むべくもない事態を招いているといえます。すでに教育法学者柳本祐加子氏から、「学校におけるセクシュアル・ハラスメント防止のために学校保健安全法の改正を図り、解決に向けて運用できるようにすべきである」という提案がなされています（日本教育学会第75回大会報告 2017 p. 8）。今後はスクール・セクハラのない環境で児童生徒がのびのびと学習できるよう、既存の法律の見直しとセクハラ防止に向けて抜本的な法的整備の議論をすることが必要と思われます。

3章

事例に見る被害解決のための取り組み

(亀井明子)

　教員によるスクール・セクハラはなぜなくならないのでしょうか。これはよく問われることですが、実際になくなっていきません。それどころか文部科学省の「公立学校教職員の人事行政状況調査」中の1-⑵「教育職員の懲戒処分等（交通違反・交通事故、体罰、わいせつ行為等）」の結果を見ると、増えていると思われます（4章参照）。文科省がデータ（対象は公立小中高校の教員）を取り始めた1990年度に、わいせつ行為等で懲戒免職になった教員は3人でしたが、2000年度には71人となり、2015年度は118人、直近調査の2016年度は129人にのぼりました。確かに増加傾向は否めませんが、この数値はあくまで「懲戒免職」という処分件数です。調査以前のセクハラ実態はわからないものの、指導の中で「当たり前」になっていた身体接触や言葉のセクハラなどを考えると、もっともっと多くのセクハラ事案があったのではないかと考えられます。現実としては、教員が少しセクハラということに関心を持ち意識をし始めたことで、発生件数は減少しているのではないかと推測できます。

■**セクハラとは何か、を学ぶ大切さ**

　セクハラ被害というのは、児童生徒が親、教員、友だちなど誰であっても相談してくれなければ発覚はしません。相談すること自体勇気のいることですが、それ以前に被害者となるかもしれないことを、そしてセクハラとは何かということを学ぶ場が必要です。それ

を知らなければ被害にあっていてもわからないために、相談もできないということになります。

　児童生徒が勇気を奮い立たせて相談をしたものの、真剣に耳を傾け相談者の感情を受け止めて共感できるスキルが教育関係者（教員、校長、副校長、教頭や教育委員会の担当者等）には身についていないし、その体制が整っていないことも多く見受けられます。教員も管理職（校長、副校長、教頭）も突然の相談にただうろたえて、出来事をきちんと受け止め被害者に寄り添うことができない現実をたくさん見てきました。

　それでは、スクール・セクハラを起こさないための３つの要素をあげて考察してみましょう。

■スクール・セクハラの防止研修

　１つめは、スクール・セクハラの防止研修です。防止のための研修に力を入れている教育委員会も学校もまだまだ少ない状況です。児童生徒も教員も保護者も、まずセクハラを知ることから始めるのが大切です。研修を実施している自治体でもコンプライアンスに重点を置いた研修に頼り、罰則だけが強調されています。つまり、「こんなことをするとこのような罰則を受けますよ、だからしないようにしましょう」という禁止型の研修にとどまっているのです。セクハラとは何かを話し合い気づき合い、納得したり自分の考えを修正したりと、実態に沿った学びと情報を得ていくことが重要です。セクハラ被害にあうことは児童生徒のこれからの人生にかかわる大きな問題であるということが理解できていないことは問題です。被害者に寄り添う研修こそが防止研修といえるのです。

　研修から学ぶのはそれだけではありません。児童生徒と教員の間

にある力関係を学び、意識化していくということも大切です。そして、セクハラが生じる手前でお互いがいい合える仲間となることです。誰しも、「それはおかしい、セクハラになるよ」と指摘されていい気にはなりません。しかし、その指摘こそが、研修によって学べることであり、お互いが共通認識したセクハラという問題にきちんと向き合うことにつながるはずです。

■児童生徒への性暴力防止教育

2つめは、児童生徒にその年齢に即した性暴力防止の教育を進めることです。その中では自分の身は自分で守るというスキルを学ばせることが重要で、実際に子どもどうしの話し合いやワークショップを通じて高め合うことができています。自分自身の大切な人権を守るためには、教員であっても嫌なことは嫌といってよいことを伝え、危険を感じたらその場にいなくてもよいということ、そして嫌なことが起こりそうになったときでも、起こってしまってからでも、誰かに相談するということにつなげていきます。児童生徒は性暴力を知り、理解し、スキルを身につけることで被害から身を守ることができるのです。被害後であっても相談してもよいのだということが、これからの自分を守っていくことにつながり、自信を持てるようになるのです。

この過程で忘れてはいけないことは、「あなたは悪くない」という言葉を伝えることです。性暴力被害者は、大人も子どもも「自分が（も）悪かったから」と思い込んでいます。そのことを払拭していかなければ問題を解決することはできません。

しかし、児童生徒は教員から受けたセクハラ（性暴力）を言葉にして語ること自体難しいのです。なぜなら、就学前から「先生のい

うことはきちんと聞きなさい」と教わり、「先生に逆らってはいけません」といわれてきています。このことは、児童生徒に自ずと教員のいうことすることには間違いはないと、いい聞かせているようなものです。教員は指示に従う子を良い子と思い、称賛する傾向さえあります。

　スクール・セクハラで見られるある特徴があります。それは児童生徒と教員との間に見える力関係で、次のように示されます。

　　教　　　　員＞児　童　生　徒
　　教　え　る　側＞教えられる側
　　部　活　顧　問＞部員、マネージャー
　　障がいがない＞障　が　い　児
　　お　　と　　な＞こ　　ど　　も

　これだけでも五重の力関係が見てとれます。とりわけ部活顧問との関係は単なる教員と児童生徒の関係より親密度が高く、絶対的立場の顧問に対してNO！といえない、逃げられないという大きな力関係がはたらいています。誰にもいえなかったという被害児童や生徒は、誰かに話すことによって顧問の耳に入ると、選手として選ばれない、代表として参加できないという結果になることが怖い、さらにはその時点から部活動を続けることができなくなってしまうといいます。スポーツでも文化的な部活であっても、全国大会や知名度を有する学校のカリスマ指導者であればなおさらです。

　この状況に追い打ちをかけるのが保護者です。リベンジを恐れることもありますが、何よりもわが子が部活のメインから外されてしまうことにデメリットを感じ、それぐらいのことはと、子どもに我慢を強いることもあります。これらの力関係がスクール・セクハラを表面化させない根源にもなっているのです。

■セクハラ防止規程を学ぶ

　3つめは、児童生徒からの相談後、何をどうしなければならないか、解決までの道筋などを示してあるセクハラ防止規程（以下、防止規程）や指針（ガイドライン）を学ぶことです。学校管理職のスタンドプレイではなく、教育委員会が策定した防止規程（都道府県と、政令指定市や市町村レベルでも策定しているところがあります。私学では学校単位）に則って、公正公平な事実調査とできる限り短期間で解決に導くことが求められます。長く待たされることは被害者にとってどれほどつらく苦しいものであるか、想像する力を持って臨んでほしいものです。

　教育委員会の多くは、セクハラの担当課を教職員課（人事にかかわる部署）に置いています。これは加害者処分を想定しているためですが、このことは児童生徒の声を真摯に聴き、共感し、出来事の事実関係をつかんでいくという過程があまりにもおろそかにされていると感じます。加害者にどのような処罰が必要であるかに重点を置くことは、被害者救済からどんどん離れていくことになるのです。防止規程は、加害者処分でなく何がセクハラになるのかという事例や、人権侵害を受けた被害者にどう対応すればよいのか、教職員の対応法や管理職の対応などが明記されています。被害後（相談後）の児童生徒が、学校でも地域社会でも堂々と生活できるようにするためには、何をどう配慮すればいいのかを、まずは管理職が真剣に考える必要があるのではないでしょうか。

　セクハラが人権侵害行為であり、犯罪であり、児童生徒の将来に大きな影響を及ぼすであろうことを理解してほしいと思います。管理職や教育委員会には、被害者に対する人権意識を磨き、体制を整えたうえで防止規程に則り解決することが重要なのです。

3章　事例に見る被害解決のための取り組み　63

これら3つの視点を備えている学校や教育委員会であれば、安心して相談し、どう解決していきたいのかという具体的対処法も考えられると思っています。

■親としての対応

次に子どもから相談されたとき、親として何ができるかという問題を考えてみましょう。

第一に、子どもからの相談には、子どもの話すことを否定せずしっかり耳を傾け、「そうだったのか」と共感することが大切です。根掘り葉掘り聞き出すのではなく、また「どうしてすぐにいわなかったの」と責めるのでもなく、「それでどうしたの」と促しながら進めていく方法をとってほしいと思います。聴き取りの基本ですが、何よりも、子どもに選択肢を与えるような「はい」「いいえ」で答えられる質問をしないことが肝心です。選択肢を与えると、子どもはその中から選ばなければならないと思ってしまいます。これは誘導になります。また、「こうだったの?」と聞くと、「そうだった」と答えてしまうことも多くあるからです。

第二に、子どもの話を100%信じてあげてください。「よく話してくれたね」といってあげてください。また、「これからも一緒に考えていくよ、私はいつもあなたの味方だよ」という親の姿勢を子どもには明確に伝えていくことが肝要です。

子どもから相談がないとしても、普段から子どもの様子を見ていれば、何かあったのではないかと気づくこともあると思います。そのときには、「どうしたの、元気ないね、何かあったの?」と、積極的に聞いてみてください。それを皮切りに話してくれるかもしれません。話してくれなくても、「いつでも話は聴くので、どんなこ

とでも話してね」と伝えることはできるでしょう。これは普段から心がけておいてほしいことです。

■学校としての対応

　児童生徒は、信頼できる教員でなければ相談することはありません。相談されるということは信頼されているということだと自覚して、真剣に聴く姿勢を持たなければなりません。「あの先生は冗談でいったんだ」「あなたの勘違いでしょう」などといった対応をすることはもってのほかです。特に児童生徒が話す加害教員が、自分と親しい間柄であればあるほど、かばいたい、信じられないという心理がはたらくと思いますが、親の対応と同様、児童生徒の話を信じて対応することが重要です。

　校内において、おかしいと思うようなことに出会うことがあるかもしれません。そのようなときは、すぐに管理職に話を通すことが望ましいあり方です。

　また、教員から話を聞いた管理職は、すぐにその教員を呼んで事実を確かめるというスタンドプレイをしてはなりません。その場で自分の行為を認める教員はいないと思ってください。

　後に事例のところで対応の流れは詳しく述べますが、事実を確認することはとても大切なことです。管理職は話の全容をつかみ、第一報を教育委員会に入れ、今後の対応の進め方もあわせて報告しておいた方がよいでしょう。次に、おかしいと気づいた教員に児童生徒から話を聴いてもらい（事実確認）、被害があると判断できれば、ただちに加害教員から聴き取りをする教員を選び、あらためて事実確認に進めていきます。このとき、事実確認をする人（調査委員）にはできる限り人間関係のない教員を2人選び、児童生徒から聴き

3章　事例に見る被害解決のための取り組み　　65

取りをした教員を入れて3人体制で臨むのがよいでしょう。

　加害者が加害行為をすぐに認めるかどうかは難しいところですが、話に食い違いが生じることはしばしば起きてきます。その食い違いのある部分を、再度被害児童生徒から聴き取るなど、何度か聴取の往復を繰り返すことになります。管理職も含め、その結果を判断していくことになります。

　女子が被害にあうことの方が多く、その内容を聴くことになるので、被害者が答えやすい同性の女性教員を2人配置するようにした方がよいでしょう。被害児童生徒が男子であっても、やはり女性教員を2人配置するようにした方がよいです。これは、これまで相談を受けてきた経験からいえることですが、男子は必ずしも同性の教員に相談するとは限らず、むしろ女性教員に相談することの方が多いからです。また、とりわけ男性どうしの性暴力に関しては、理解が乏しく、ホモセクシュアル関係と位置づけてしまうようなところがあるからです。ジェンダー・バイアスに基づく誤った判断をしかねないことは避けるべきだと考えます。

■ NPO法人としての支援

　私がスクール・セクシュアル・ハラスメント防止（SSHP：School Sexual Harassment Prevention）全国ネットワークを設立したのが1998年で、今日まで20年間相談を聴き、被害者支援をメインに活動を続けてきました。この間の相談件数は約1600件、相談者が解決を望み私たちが支援してきたのは123件ですが、その中で解決まで至ったのはわずか47件です。

　支援のうち、相談電話は話を聴いてもらうだけでよい人と解決を望む人とに大別できます。被害の話を聴いてもらって、自分が嘘を

いっているのでなく、真実を話しているということを知ってもらうだけでよいという人と、共感してもらえたところで、解決ができるものであればそうしたいと思う人とに分かれます。相談者は、法務局の人権相談や行政が設けている電話相談、弁護士会や個人の弁護士に相談したり、メディアに働きかけたり、多くの場合いろいろな方法を試みていますが、どれも自分には納得できることはなかったといいます。つまり、解決にはほど遠い状況で、受け止めてもらえないことの方が多いということです。

スクール・セクハラが起きていても、被害者や被害者家族は、それをセクハラと認識することが難しいという側面があります。なぜかといいますと、部活動顧問を含む教員は、「指導」という名のもとに性的加害を行っているからです。

「補助」を例にとるとよくわかると思います。たとえば、テニスの指導で背後から腰を抱き、ラケットを握る手に指導者の手を添えてテイクバックの仕方を教える、パソコンのマウスを握る手の上に手を添える、平泳ぎの蹴りを教えるところで足首をもって大きく足を広げさせるなど、あげればきりがありません。これらは、「補助」という名のセクハラにあたります。児童生徒は教えてもらっていますので、それを不快と感じてもいえないという状況になります。

それでも不快感や恐怖感を、小さい子どもなら気持ち悪いとか怖かったという気持ちを、普段から表現できるようにしておくことは大切です。そして、大人はその気持ちをしっかり受け止めることが必要です。保護者が子どもからこうした気持ちを聞いたときに、どう受け止めるかということは重要です。母親に相談する子どもが最も多く、男の子でも父親でなく母親に相談しています。父親には「男のくせに何を情けないことをいう」などと、なじられることが多い

3章　事例に見る被害解決のための取り組み　　67

からと聞きます。

　SSHP全国ネットワークに相談された場合、解決の方法としては公立の場合、以下のような選択肢を提案することにしています。

　□在籍する学校の管理職に相談する。

　□当該教育委員会に相談する（卒業している場合）。

　□警察に被害届を出す。

　□弁護士に相談する。

■学校管理職に相談する場合

　「管理職に相談する」という対応について述べましょう。

　学校の最高責任者は、まずセクハラが起こらないように防止をしなければいけないという配慮義務を負っています。防止に対してどれだけの手立てを講じてきたかが問われることになります。しかし、これまでお会いした学校長で、自信をもって防止研修をしてきましたと回答する方は、ほぼいらっしゃいませんでした。さらに「セクハラ防止規程」の有無を尋ねても、「ない」の一言で終わることが多く見受けられました。実際には教育委員会が策定していたという例がほとんどですが、教育委員会の窓口の担当者でさえその存在を知らないということも結構ありました。連日のようにネットニュースでも、新聞という紙媒体でも報道されているにもかかわらず、それだけ無関心ということです。

　学校長の対応パターンは、話を聴くにとどめることがほとんどです。その場に加害行為者とされる教員を呼び、事実であるか否かを問うことは、本来ならばしてはいけないことなのです。教員は加害行為をそう簡単に認めることはなく、ほとんどはやっていないといいます。そして、「○○先生はそんなことはしていない」といって

います、と相談者に伝えることで終わってしまいます。ガイドラインを一度でも熟読していれば、相談があれば次にどうしなければいけないか想像できるはずです。このような管理職であれば、すぐ引き返してくださいと相談者には伝えています。なぜなら、そこから先には進まないからです。

　もちろん、管理職に相談して成功したケースもあります。裁判を通してしか解決できなかったケース、また解決に至らなかったケースなどさまざまなパターンがあります。結果として、被害者や被害者家族がどう感じ、その後をどう生きるかということは、そのときの対応にかかっているのです。

　以下に、私がSSHP全国ネットワークでかかわってきた事例と対応を複数紹介します。上に記したように、被害者がどうしていきたいのか、これからどう生きたいのかによって、さまざまな対応をとっています。自身がセクハラ被害にあったとき、また目撃したとき、対応していかなければならない立場になったときの参考にしてください。

■事例から見える対応

【事例26】　Oさんは、電話で相談してきたとき、かなり取り乱していらっしゃいました。「どうしていいかわからない。怖くて子どもが通う学校に行けなくなる──」

　それは小学5年生の娘さんから渡された、進学予定の中学校との小中交流行事のお知らせを受け取ったときのことでした。案内のプリントに、思い出したくない教員の名前を見つけたのでした。体が震えましたとOさんはいいます。娘が進学すれば嫌でも学校に行くことが増え、顔を合わせれば自分であることは教員にはわかる

3章　事例に見る被害解決のための取り組み　　69

し、万が一娘の担任にでもなればと思うと、恐ろしくてどうすればよいかわからないと訴えてきました。

　また、小中交流行事は６年生から始まり、保護者もそこに参加することが多々あります。そんな交流行事にも自分は母親として参加できなくなる、PTA役員としてどうしてもかかわらざるを得ないこともある、そう考えるとパニックになっていきます。

　母親であるＯさんが、その教員からセクハラ行為を受けたのは中学２年のときでした。そのことは今まで一度も、誰にも話したことはなく、これからもそうして生きていくつもりだったということです。「しかし、この状況では、娘が自分と同様の被害を受けないとも限らない。もしそのようなことになったら、第二の私を生んでしまう。娘は絶対私のような被害者にさせたくない」と、強くそう思ったとのことです。それからどこにどう相談していいかわからず、苦悩の日々を過ごしていたといいます。

　《SSHP 全国ネットワークとしての対応》　　被害を受けた直後でもなく、これから被害も起こるかわからない状況でしたが、この相談は緊急性を帯びていて、最優先させなければならないと判断しました。Ｏさんには、とりあえず面談に来てほしいと伝え、スタッフミーティングでも共有し、面談日を決定しました。

　電話でお聴きしたことを繰り返し聴くことになりましたが、相談者のＯさんは「顔を見て話せて安心した」とおっしゃっていました。

　私は、数年前にセクハラ防止研修を実施した際に、名刺交換をした教育委員会の担当者と連絡をとりました。すると、すぐにセクハラ対応の窓口担当者に代わってくれ、その方に事の次第を聞いていただき、後日、相談者に同行して教育委員会に出向くことになりま

した。約束の2日前に教育委員会から連絡があり、「教育委員会に来てもらうことも、お母さんにとってはつらいことなのかもしれない。できれば、SSHPの事務所を借りることはできないか」ということでした。相談者への配慮をしていただけていると感じました。

《教育委員会としての対応》　そして面談の当日、母親のOさんが中学生時代に受けたというセクハラ被害の内容についてはまったく触れることなく、加害行為者の名前の確認をしただけで、今後、児童が安心して学校に来られるように何らかの手立てを講じたいということで話はまとまりました。ただ、方法に関しては教育委員会に任せてほしいということでした。

　児童の安心・安全を考え、また母親の不安を取り除く手立てをとるといっていただけたのはよかったと思います。人事異動が発表されてから教育委員会から連絡があり、「当該の教員は子どもが進学する予定の学校にはもういないので、小中交流会も進学も安心してもらってよいと思う」ということでした。

■事実確認の難しさ

【事例27】　Aさんは中学入学と同時に運動系の部活に入りました。夏休みには、顧問の教員が1年生に直接指導をしてくれるようになりました。しかし個別指導をするということで、部室代わりに使用している更衣室に一人ずつ呼ばれ、体に触るような指導をされるようになり、不安を覚えたAさんは、それを母親に話しました。母親は部活の同級生の保護者に聴いて回り、教員にそのような指導は止めてほしいと相談に行こうと提案しましたが、多くの保護者は「それぐらいは当たり前」「そんなことをしたら後でにらまれる」「指導が受けられなくなる」などの理由で、誰にも同調してもらえませ

3章　事例に見る被害解決のための取り組み　　71

んでした。意を決して外部の相談機関に電話をし、面談をしてもらいましたが、どこでもそれぐらいのことと、受け止めてもらえませんでした。

《SSHP 全国ネットワークとしての対応》　相談者の A さんの母親は、新聞記事でネットワークを知り連絡してこられました。

　SSHP 全国ネットワークでは、具体的に解決を望まれる場合、サポート前に 2〜3 回の面談をすることを基本としています。中には、遠方で面談がかなわないこともありますが、面談をすると、電話で話されたこと以外にも被害内容が出てくることが多いですし、対面で顔を見て思い出しながら話すことで、冷静さをとり戻すこともできるのです。そのため、面談はとても大切なプロセスです。

　まずは、学校長に相談してみることに決まりました。相談者には当該市教育委員会（政令指定市以外は都道府県教育委員会）のセクハラ防止規程が配布されているかどうかいつも確認しますが、相談者から「あります」といった返事を聞いたことはほとんどありません。配布されていない場合は、相談者から請求してもらうようにしています。そして、学校長にアポイントメントをとってもらい、第三者が同席し、付き添うことも必ず知らせてもらっています。

　学校長はとても親身に話を聴いてくれ、保護者も安心したようでした。この相談内容を、どのように顧問に話してもらい、今後は止めてもらうことができるのか、相談者である保護者は具体的な内容を聞きました。すると、その答えは「すぐに本人を呼び、確認をして連絡させてもらいます」ということでした。被害を受けたという生徒からの聴き取りもなく、直接顧問から話を聴き、事実確認とするというやり方はごく一般的にされてきたことです。しかし、それ

は前述したように、きちんと事実確認をできるやり方ではありません。

　私は、学校長は本来の解決へのガイドラインを把握できていないのだと感じ、その場で「セクハラ防止規程・ガイドライン」の有無を尋ねました。すると、横にいた教頭に確認するように「そのようなものは手元にはなかったですね」といい、教頭も「そうですね」で終わってしまったのです。相談があった場合、その後どのような道筋を通って解決に導いていくかということは、ガイドラインに示されているはずです。しかし、見たことも聞いたこともないということでしたら、教育委員会等で策定はしていても、周知に向けての配布もなされていないということで、これでは宝の持ち腐れとしかいいようがありません。

　SSHP全国ネットワークとして、以下2点の要望を出しました。

①この相談があったことを事故報告書として当該教育委員会にあげる

②齟齬のない事実確認

　①については、文部科学省は「ことの軽重に関わらず、直ちに報告」をするようにと通達しています。

　事実確認については、留意点とその流れについて、先に述べたことも踏まえながら、次にまとめます。

　事実確認のいわゆる調査委員は、必ず女性を入れ、記録係を含め3人程度が望ましいです。また、加害者との人間関係ができる限り薄い人であることも重要です。なぜなら、加害者の人物評価をしたり加害者をかばったりするという立場に立ってしまうからです。

　最低限でも、これだけのことをしないと事実関係は出てこないのです。

```
被害者からの事実確認 （本人が希望する教員か他者を同席させる）
    ↓
加害行為者からの事実確認
    ↓
齟齬が出たときには再度被害者に戻し、ポイントで確認をする
    ↓
学校長への報告と教育委員会への報告
    ↓
教育委員会の判断
```

　学校長は、事が起こってからなすべきことについて、これまで考えたことはなかったということでした。しかし、提案に対しては、できることをやっていきたいと応えてくれました。私たちも、事実確認は一番重要なことなので協力をすること、いつでも相談にのりますということをお伝えし、話を終えました。

　それから何度か学校長からの相談を受けました。示したガイドライン通りとはなかなかいきませんでしたが、解決に向けての努力を惜しまない管理職であったので、該当教員には被害内容をほぼ認めさせることができました。教員は懲戒処分の停職となり、即日退職したと、後日相談者から連絡を受けました。

■男子のセクハラ被害

【事例28】　小学校低学年男児の父親からの相談です。「担任の先生（男性）から性器を触られたりしていると子どもが泣いて話したが、男の子にこんなことが起こるのでしょうか」という内容でした。そのような事例もあるという事実を伝えますと、父親は声をあげて泣

き始めました。

　ずっと学校に行きたくないといっていたのに、無理に学校に行か
せていたそうです。父親の転勤で学校を代わり、毎日楽しそうに通
学しているのを見て、元の学校でいじめられていたのかなと思い聞
いてみたところ、子どもが教員から性器を何度も触られていたと話
すのです。最初はいい加減に聞いていたけれども、他にも触られて
いる子がいたと聞き、嘘ではないかと思いながらの相談だったよう
です。

　《SSHP 全国ネットワークとしての対応》　　相談者とは遠方のた
め面談がかないませんでしたが、今後どのようにすればいいかとい
うことの相談でした。相談者の子どもだけではなく、他にも被害児
童がいるかもしれないということであれば、加害行為が継続してい
て被害者を出している可能性があります。

　相談者には、転校した学校の管理職に相談して、元の学校を所管
する教育委員会に連絡をしてもらうことができること、その際に第
三者に相談していることを伝えておく（隠蔽を防ぐため）ことを提
案し、事実関係が明らかになれば強制わいせつになるので懲戒免職
になる可能性があると伝えました。

　1 カ月半後、相談者の父親から電話があり、該当教員は懲戒免職
になったと報じられた旨、連絡を受けました。

　父親は、学校に行きたくない原因を何度となく聞いていたのに
まったく話そうとしなかった子どもが、なぜ突然被害のことを話し
たのだろうと疑問に思っていたそうです。加害行為者から遠く離れ
た安心感から話せたのではないかと、私たちは思っています。子ど
もが話せないのは、誰もこんなことを信じてくれないだろうと思っ

3 章　事例に見る被害解決のための取り組み　　75

コラム〈男子の被害について〉

　相談電話の音が響きます。今日はよくかかってくるねといいながら電話をとります。電話相談を始めて2年目のことでした。「セクハラかどうかわからないのですが、どこに相談していいのかわからないので新聞に載っていたこの番号にかけてみたのですが……」最初の言葉はほとんどがこのときの相談者のようなものです。

　「中学生ですがいいですか？」大丈夫ですよというやりとりでこの相談は始まりました。彼は部活動でサッカーをしているといいます。顧問は社会科教員で、自分のクラスにも教えに来ているので嬉しかったそうです。

　　1学期の中頃、先生は社会の時間だけの座席変更をするといった。みんなえぇっ〜と驚いたが面白そうだというヤツもいた。自分は一番前の席になった。部活の顧問だし社会の授業も面白いし好きな先生だと思っていたので席に不満はなかった。でも何日かたった頃、先生が自分に質問して答えを待っている間、先生の足が股間に当たっていると感じた。「気のせい？」と思っていたが、次の時もまた次の時もそうだった。わざとしているのだと思ったとき、怖かった。先生は何もないような顔をして授業を続けているけど、僕はその時間何を勉強したかまったく記憶がない。サッカーに行くのが嫌になってきて学校を休むようになった。お母さんにはお腹が痛いとか理由をつけて休んだ。

　　友だちが心配して家に来てくれたとき、その友だちが自分と同じ目にあっていることを話してくれた。笑いながらだったのでそれほど嫌でないのかなと思ったが、少し気が楽になった。そこで僕も打ち明けた。2人で誰かに相談しようかと話し、子どもホットラインとかいくつか電話をしてみたけど、教室で生徒がたくさんいるところで、授業中でしょと誰も信じてくれなかった。

　2人は一人より強くなれます。一緒に悩み、互いに打ち明け合い、行動に移せます。子どもは弱いだけの存在ではなくそんな力を持っています。それでも「先生」という立場の人に自分の不快感や恐怖心、気持ちの悪さを感じたことなどいえるはずもなく、辛い日々を過ごす児童生徒たちがいることを知りました。

「校長先生に相談しに行くか信頼できる先生を探して相談してみるのはどう？」と提案したところ、「誰も信じてくれないかもね」とあっさりいいました。大人がいかに子どもの話に耳を傾けてこなかったのか、ここで問われたのです。「そんなことは信じられない、嘘をついたらダメ」と説教するのは後でいい、とにかく子どもの話をしっかり聴いてほしいと思います。彼らがこのような嘘をつくと思いますか？何のメリットもない嘘をつくことはありません。寂しいからと、このような作り話をして友だちの気を引いたり親の気を引いたりすることもありません。子どもの話をきちんと聴いて共感する言葉を使い、よく話してくれたと彼らの勇気をほめる人になってほしいと思います。

　もう一つは高校生の男子生徒の相談です。授業中に教科担当の教員が海外旅行の経験談をしたそうです。それは楽しく、自分も海外へ行きたいなという思いを持ったといいます。しかし途中からその教員はその国の女性とつきあい、性的関係を持ったと話すのです。

　　その頃から自分はちょっといやだなと感じ始めた。どうしてそんなことをわざわざいわなくてはいけないのだろうと疑問をもった。最後にそれが買春行為であるとわかった。お金を払ったということを聞いたからだ。僕はその国で知りあった女性のことが好きになり恋人になったんだと思っていた。その次の先生の言葉が信じられない。「男というものは一度はこんなことを経験しておくものだ、それが男ってものだからな」と念を押すようにいった。違和感を覚えた。「女性の性はお金を出して買うものではないし、そうすることが男だなんておかしいよ」といいたかった。でもいえなかったのは先生の反応が恐ろしかったからかもしれないし、クラスの友だちがどう受け止めるかも予想できなかったからなんだ。

　授業中のわい談もよく聞く話ですが、買春行為はもってのほかです。それを話す先生がいるとは驚きです。気分が悪くなった男子の神経は普通です。怒りを持って当然ですし、男をひとくくりにした話し方に違和感を覚えたのでしょう。児童生徒の感性を信じ、はたらきかける立場であるはずの教員がこのようなことをいうとは、あまりにも非常識です。このような感情を持つ男子生徒がいて嬉しくなりました。でも面と向かって彼らはいえないのです。悔しい思いに共感します。

ているからであり、大人は真摯に耳を傾ける努力をしなければいけないと思います。子どもがこのような内容で嘘をつく理由は見当たりませんし、低学年の子どもが思いつくような内容であるかどうかも考えればすぐわかることでしょう。

　子どもの性被害はなかなか理解されないことが多いのですが、男の子の被害は、本人すら「男が被害を受けることがある」ということを知らされていないから気づくこともできず、周りの大人も気づけないことが多いのです。

■長引く心の傷

【事例29】　相談者が高校生だったとき、教科担当の教員から誘われるがまま映画を観たり、教員が好きだったトレッキングに行ったりと楽しく過ごしていました。特別扱いされていると感じてはいたが、自分ではつきあっている感覚もなく、特別に恋愛感情があったわけでもありませんでした。しかし、あるとき、強引にキスをされて、性的関係を強要されたのです。相談者は、断れなかった自分が悪いと責め続け、高校を中退しようと考えていました。それからは教員に誘われても行かないようにしていましたが、中退の気持ちを持っていることが友だちからばれてしまって、「俺からは逃げられないよ」といわれ、結局そのままズルズルと同じような関係を続けてしまいました。卒業すれば逃れられると我慢をしていましたが、その後もずっと連絡をとらざるを得ませんでした。

　結婚が決まり他の地へ移ったのを機に、やっとこれで逃れられると思っていました。友だちにも誰にも連絡先を教えない転居だったそうです。結婚して数年経った頃、母親から「○○先生から電話があって、同窓会のことで友だちが連絡をとりたいといっているけれ

ども電話もわからないということだったので、教えたよ」という電話がかかってきました。もちろん親にも誰にも教員とのことは話していなかったので仕方のないことだったのですが、「教える前にいってよね」と母親には強くいってしまいました。

その後、教員から電話があり、これまでのことを親にも話すと脅され、会うことになりました。その教員はすでに校長になっていて、仕事につきあえといわれ、教育委員会や学校にも連れていかれました。このままいいようにされていくのではという恐怖心もあり、相談してみようと思ったとのことです。

《SSHP 全国ネットワークとしての対応》　　相談者の居住地は遠方でしたが、会う必要があると判断し出向いて面談をしました。そこでは、悲惨なまでのつきまといや DV 関係が発覚しました。卒業後十数年経過している状況でしたが、教育委員会や弁護士、さらには警察も視野に入れた選択肢を示して、相談することを提案しました。相談者が選んだのは弁護士でした。

相談した男性弁護士は、最初、不倫関係で教員の妻から訴えられる可能性もあるとして、難しい状況だと判断しました。しかし、教員と生徒との力関係や他の事例などを話すうちに、少しずつスクール・セクハラの構図について理解を示していってくれました。弁護士は相談者の代理人として会い、話を詰めていきました。数回の話し合いの結果、教職を退く、慰謝料を払うといった相談者の要求を受け入れ、合意に至りました。

このように、スクール・セクハラに理解を示してくれる弁護士を通じて解決に導くメリットはあります。

3章　事例に見る被害解決のための取り組み　　*79*

その後、この元校長が塾の経営を始めたり、講演会に講師として招かれたりしていることを耳にした相談者は、やはり教育委員会に知ってもらったうえで、このようなことが二度と起こらないようにしてほしいという気持ちを伝えてきました。和解文書には、このことを他者に話さないことという一文が入っていました。そのため、名前を出すことはできません。それでも当該県教育委員会へ申し入れをすることにしました。教育委員会では加害者個人を特定できたようでしたが、自主退職後の仕事や活動には指導や助言もできないといわれてしまいました。相談者としては納得できなかったようです。

被害者は、法的解決があっても行政処分があっても長く苦しい思いを引きずることが多々あります。いつまでもついて回る被害を加害行為者は知るべきだと思います。

■解決困難なことも多い

これまであげてきた4事例は、紆余曲折がありながらも何とか解決に至ったものです。しかし、解決しないままになることも多いのが事実です。

次にあげるのは典型的な受け止めができなかった例です。

【事例30】　中学生の女子生徒が、教員に誕生日プレゼントを渡したことがきっかけで被害を受けたという相談です。

その男性教員は部活の顧問でもあり、なかなか面白い教員で人気がありました。部員には、「家族旅行したときにはお土産を買ってきてくれ」と冗談で話していました。冗談でも、お土産を買わなければという思いに全員がなっていたようです。しかし、相談者は家

族旅行をしなかったので、考えた末に誕生日プレゼントを思いついたそうです。

　すると、お礼のメールがきました。これは緊急連絡網用にと部員のほとんどが教員に申告していたものです。彼女は、それまでは一斉メールしか受け取っていなかったので驚いたそうです。「今度お返しに○○ちゃんの誕生日にプレゼントするよ」という内容でした。ためらいましたが、「メールありがとうございます」という内容だけ返信しました。それから頻繁に個人あてのメールが入るようになりました。深夜に今頃入浴中ですかというものや、卒業したらつきあいたいなどというような内容に、怖いと感じ、それを日記に書いていたところ、偶然それが母親に見つかり発覚しました。

　《SSHP 全国ネットワークとしての対応》　　面談を経て詳細を聴き取り、学校長と教育委員会の担当者も同席してもらえるように保護者から連絡を入れてもらい、アポイントメントが成立しました。身体にかかわる被害ではありませんが、深刻な問題であることはいうまでもありません。学校長はこの段階で代わっていて、新校長と学年主任と教育委員会担当者が席につきました。

　例によってガイドライン等をいただきたいと話しましたが、「ありません」という対応でした。相談内容を伝え、保護者は「学校としてどう対処してくれるのか」という質問を繰り返しましたが、「部活顧問に確認をしたが、そんなことをしたことはないと全否定している。本人が認めない限り、処分も何も……。やっていないといっているのですから」ということで席を離れられました。教育委員会担当者も同様の対応でした。

　事例30と同じような対応をされて、裁判に発展したケースがあ

3章　事例に見る被害解決のための取り組み　　*81*

ります。

【事例31】　中学校の部活顧問から受けたわいせつ行為の相談事例
です。被害者はすでに卒業していて、20歳を過ぎて大学生となっ
ていました。卒業生の場合、学校管理職に相談するわけにいかず、
とりあえず当該教育委員会に相談に行くことにしています。

　卒業後、どれだけ忘れようと努力しても忘れられなくて、学校生
活を送るにもつらい苦しい思いが蘇ってくるといいます。それほど
性暴力は被害者の心に重く残っていくことが多いのです。そんなあ
るとき、相談できるところがあると知って「相談だけでも」と電話
をかけていらっしゃいました。

　SSHP全国ネットワークとして、いろいろな解決策を提案した結
果、教育委員会への相談ということになり、相談者につきそい出向
きました。担当者は話をよく聴いてくれ、部活仲間だった複数人か
らの支援もあり、心強くスタートしました。教育委員会は、加害行
為者である部活顧問を再三呼び出し事実確認をしましたが、「やっ
ていない、覚えていない」といい、認めることはありませんでした。
加害行為者は、これ以上の呼び出しがあれば弁護士をつけて人権侵
害で教育委員会を訴えるといい出し、教育委員会は、相談者に対し
て裁判でも何でもやってくださいと匙を投げてしまいました。

　《SSHP全国ネットワークとしての対応》　　相談者は悩み抜いた
結果、民事裁判をすることを決意しました。私たちはスクール・セ
クハラ問題に精通している弁護士を紹介し、全面的に裁判支援をす
ることになりました。

　加害行為者は、裁判では相変わらず、「記憶にない」「そんなこと

はやっていない」と否定し続けました。しかし、練習中の体罰の話については熱弁をふるいます。体罰という言葉こそ使いませんでしたが、暴力的な指導は記憶していたのです。最後までわいせつな行為については認めませんでしたが、裁判官はその記憶の矛盾を突き、相談者の記憶に疑う余地はないと結論づけました。

裁判は非常に厳しく、何年もかかり心身ともに疲労困憊します。証拠もなく、証人もいない状況で闘うことの困難さは計りしれません。

教育委員会がスクール・セクハラに対して真剣に取り組み、聴き取りの専門家に依頼しつつも、第三者としてかかわれるような制度を作ることなく、ただ相談担当を作ったり、学校が相談窓口を設けたりしているだけでは、解決に至らないことの方が多いのです。

学校長の人権意識の問題、内部の人間だけで対応しようとする隠蔽体質の問題など、第三者がかかわることに躊躇する姿勢は、おおよそこの問題に真摯に向き合っているとは考えられないと思えます。

■法的厳罰化

スクール・セクハラは、犯罪行為だけではなく言葉のセクハラや犯罪に至らない不適切な行為や言葉も問題になります。相談から感じることですが、相手が子どもと思っているためなのか、大人に対しては到底しないであろうことが行われています。

110年ぶりに刑法が改正され、性暴力が厳罰化されました。2017年6月8日衆議院本会議で修正可決、附則には施行3年後の見直し、附帯決議に被害者の二次被害の防止に努めることなどが盛り込まれました。6月16日参議院本会議で可決、成立し、改正刑法は、2017年6月23日に公布、公布日から起算して20日後の7月13日

に施行されました。改正された内容は以下の通りです。

- ・強姦罪から強制性交等罪に名称が変更
- ・被害者に男性も含む
- ・性交等に膣性交のみならず、肛門性交や口腔性交も含む
- ・強姦罪の法定刑の下限が懲役３年だったものが、強制性交等罪の下限は懲役５年に引き上げ

　被害者に男性が含まれるという点について、スクール・セクハラにおいては男児の被害が多発しているということではよかったと感じます。この改正も、細かく見ていくとまだまだ不備な点はありますが、ひとまず改正に踏み込んだことは評価できると思います。３年後の見直しで、さらによい方向に進めていくことができれば、と希望をつないでおきたいところです。

■セクハラ被害をなくすために

　季節によって相談内容が変わることもあります。水泳シーズンでは水泳の指導法や女子の入水できない見学について、薄い水着の不安などを訴えてきます。小学生では鉄棒や跳び箱の指導の補助が気持ち悪いということ、運動会のシーズンは組体操の練習で男子と体が接触するのが嫌などということもあります。数えるときりがありませんが、日常の中で児童生徒が嫌だと感じることが多いことに驚きます。

　研修では、教員たちに権力的な関係にあることに対してもっと意識的であってほしい、さらにアンテナを高くして児童生徒たちが何を嫌だと感じているのか知ることも大切です、と話しています。

　スクール・セクハラは、教員から児童生徒に起こるものだけではありません。教員間／管理職と教員間／児童生徒間／教員・管理職

から教育実習生へのセクハラも後を絶ちません。

　深刻なのは児童生徒間で起こるいじめの中に、ひそかにセクハラが存在していることです。身体的・心理的いじめは把握できても、性的いじめは把握されることがまれです。把握されても表面化しません、いえ、させないのかもしれません。それほど性的な暴力は隠されてしまうことなのです。

　あまり知られていませんが、児童生徒が教育実習生に対してセクハラ加害者（行為者）となることが約26％あるという結果が出ています（2001〜2002年関東地区私立大学教職課程研究連絡協議会調査）。これは、学校でセクハラを含む性暴力について何も学ばせていないからと考えられます。加害者にも、被害者にもならないための予防教育に手をつけていないからです。特に、児童生徒は身体的な暴力ではなく、言葉であれば大したことではないと判断してしまうことがあり、言葉により相手が嫌な思いをするということが想像できないのです。また、大人は、そんなことを言われても／されても気にしないと思っているのです。嫌なことは大人でも子どもでも嫌なものなのだと知らせることも必要です。

　また、児童生徒の被害という観点で考えると、広く教育現場と位置づけられる塾やスポーツ教室・ジム、ピアノやバレエ、習字、絵画等の教室など数え上げればきりがありませんが、習い事の場において、指導者からのセクハラ行為も多いのです。児童生徒がどこで誰から性被害を受けようが、被害そのものから受ける精神的ダメージは大きいものがあります。

　児童生徒が1日の大半を過ごす学校現場はいうに及びませんが、これらすべての被害を受け止め、被害者をいかに救済していくかという視点を持ち、対処するべきだと強く思います。成長途上で受け

3章　事例に見る被害解決のための取り組み　　85

る性暴力は、児童生徒に大きな影響を与えてしまうのです。

　セクハラの発生を防ぐために、大学の授業にスクール・セクハラを取り入れ、教員になる以前から被害者にも加害者にもならない教育を進めることや、教員採用システムの見直しなどは緊急課題であると考えます。

| 特別寄稿 |

法的視点からスクール・セクハラを見る

井口　博（東京ゆまにて法律事務所）

　スクール・セクハラにおいて法的に問題となる主なものは、加害者の民事責任、加害者の所属する学校等の組織の民事責任、加害者の刑事責任、学校等の組織による懲戒処分である。

■加害者の民事責任

［加害者の不法行為責任］

　スクール・セクハラの加害者個人には不法行為責任が生じる。民法第709条の不法行為の要件は、加害者の故意・過失、違法性、損害の発生である。

　このうち、違法性について、多くの裁判例は、「相手の意思に反する性的言動のすべてが違法性を有し、不法行為を構成するわけではない。」とし、行為の具体的態様や当事者相互の関係等を総合的に検討したうえで、違法性を判断している。ただ、この違法性概念は、あくまでも不法行為による損害賠償責任が生じるかどうかの観点からのもので、損害賠償責任が生じないからといって、スクール・セクハラそのものが否定されるわけではないことに留意する必要がある。

　スクール・セクハラにおいて、加害者が教員や部活の顧問などの指導的地位にある場合は、「優越的地位の利用」により被害者を心理的に支配していたことが加害者の違法性を構成する大きな要素となる。この場合、加害者には「優越的地位の利用」があったことが事実上推定され、加害者側が、当事者間の好意感情による行為であ

ると主張しても、この推定を覆すことは困難である。

　不法行為に基づく損害賠償請求権は、被害者が損害および加害者を知った時から3年で時効によって消滅する。スクール・セクハラ事件で、被害者の在学中は被害申告は困難であったとして、時効の起算点を損害発生時ではなく、卒業時とした裁判例がある。

　なお、加害者の上司や管理職が、セクハラ事案が発生してから不十分な対応しかとらなかったり、口止めやもみ消しをした場合には上司や管理職にも不法行為責任が問われることがある。

[スクール・セクハラの事実認定]

　セクハラ被害者には、被害をすぐに外に訴えることができないという被害者心理がある。この点についての先駆的裁判例である京都地裁平成9年3月27日判決（矢野事件）は、「惨めさ、恥ずかしさ、そして自らの非を逆に責められることを恐れ、告発しないことも決して少ないのが実情であって、自分で悩み、だれにも相談できないなかで葛藤する症例もつとに指摘されているところである」と判示している。特にスクール・セクハラでは、被害者はこの被害者心理に強く支配され、誰にも相談できず、一人で苦しむか、苦しさから逃れようとして忘れてしまおうという心理状態に陥る。しかし被害申告がすぐにできなかったとしても、それは当然のことであり事実認定として不利益に働くことはない。

　セクハラはいわゆる「密室での被害」が大半であり、当事者の証言の信用性が争われることが常である。裁判では、被害事実の証言に一貫性、迫真性があり、その他の間接証拠の裏付けによって被害認定される。スクール・セクハラでも、加害者が加害行為を否定したからといって、被害認定が著しく困難になるわけではない。

■加害者の所属する学校等の組織の民事責任

[学校等の組織の使用者責任と債務不履行責任]

スクール・セクハラでは、加害者のセクハラ行為が加害者の職務に関連することであれば、私立学校の場合は、学校法人に民法第715条の使用者責任に基づく損害賠償義務が生じ、学校が国公立の場合は、使用者責任に対応するものとして、国または自治体に国家賠償法第1条第1項に基づく損害賠償義務が生じる。スクール・セクハラでは、教員や部活の顧問の指導行為に付随してセクハラが行われることが多いので、職務との関連性が肯定されることがほとんどである。

ただ、学校等の組織の責任が認められるとしても、加害者が公務員である場合には、国家賠償法上、国または自治体が賠償すれば足り、公務員個人は不法行為責任を負わないと解釈するのが最高裁の判例である。この解釈は公務員を過度に保護するものとして批判が多い。確かに、スクール・セクハラにおいて、生徒に対してのセクハラ行為としては同じなのに、教員が公務員であるというだけでその教員が個人責任を負わないのは不合理としかいえないであろう。

[学校等の組織の教育環境整備義務違反]

学校等の組織には、生徒が安全に教育を受ける環境を整える義務がある。これは、学校と生徒との教育に関する契約関係に基づく。スクール・セクハラは、安全に教育を受ける環境整備義務に明らかに違反するので、その組織の債務不履行責任として損害賠償請求をすることができる。この責任は、使用者責任とは異なり、その組織自体の責任といえる。

この責任については、学校等の組織がふだんからスクール・セクハラ防止のための規程の整備や研修の実施等をどの程度行ってきたかという点が問われる。また、防止責任だけでなく、セクハラ事案

が発生してからの対応の不備も、債務不履行として責任が問われる。

■加害者の刑事責任

　スクール・セクハラの加害者には、その行為によって、強制わいせつ罪、強制性交等罪、暴行・脅迫・強要・名誉毀損・侮辱等の罪、軽犯罪法違反、条例違反等による刑事処罰がなされる。つきまといやしつこいメール等にはストーカー規制法による処罰がなされる。

　刑事裁判では、被害者が年少者である場合、証言の信用性が問題とされることがある。最近では、犯罪被害を受けた児童生徒から第三者が事情を聴取し（「司法面接」）、これをDVD等の記録したものを証拠として法廷に提出することができるかという形で議論されている。

■学校等の組織の加害者に対する懲戒処分

　加害者が所属する組織が加害者に対して懲戒処分をする場合には、懲戒審査のための調査を実施したうえで懲戒処分がなされる。懲戒審査のための事実調査は、後日その懲戒処分が訴訟等で争われる場合に備え、非常に綿密にせざるを得ないのが現状である。事実調査や懲戒審査に弁護士等の専門家が加わることが多いのはそのためである。

■スクール・セクハラの法的解決

　スクール・セクハラでは、裁判になると被害者や保護者の負担が過大となり精神的苦痛が継続することが少なくない。このことから、被害相談を受けた弁護士は、学校等の協力を得て、裁判以外の解決方法を検討することが多い。事案に沿った適切な解決方法が必要である。

4章

スクール・セクハラを防ぐために

（岡明秀忠）

　本章では、世の中でどんなセクハラが起きているか、日本の学校でどんなセクハラが起きているか、学校でセクハラが生じたらどうすればよいか、セクハラを防ぐためにどうすべきか、について検討します。

① どんなセクハラが起きているか（世界）

(1) セクハラに関する報道

　2017 年から 2018 年にかけて、ハリウッドのプロデューサー、ハーベイ・ワインスタイン氏とアメリカ体操代表チームの元スポーツ医師ラリー・ナッソー氏によるセクハラに関するニュースが世界を駆けめぐりました。

■ものがいえない環境　　ワインスタイン氏の件は、20 年以上にもわたって、若い俳優や社員らにセクハラをしてきたことが報じられたことがきっかけとなり、「＃Me Too」の発端ともなった事件です。セクハラを行った者（加害者）は、その世界で力を持っています。セクハラを受けた者（被害者）は、仕事がもらえないといった仕打ちをおそれ、加害者のいうことに素直に従ったり、黙ったりしていました。被害者の一人、グウィネス・パルトロー氏の告発から、セクハラに対し、ものがいえない環境があったということがわかります（図 4-1）。

図 4-1　ものがいえない環境

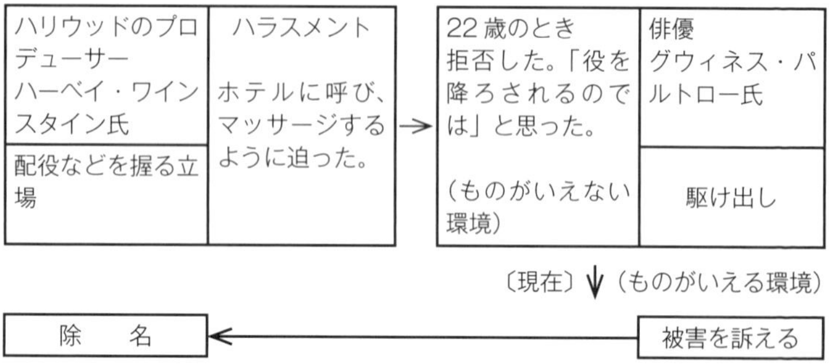

ハリウッドのプロデューサー ハーベイ・ワインスタイン氏 配役などを握る立場	ハラスメント ホテルに呼び、マッサージするように迫った。	→	22歳のとき拒否した。「役を降ろされるのでは」と思った。 （ものがいえない環境）	俳優 グウィネス・パルトロー氏
				駆け出し

〔現在〕↓（ものがいえる環境）

除　　名	←	被害を訴える

■**二次被害とハラスメントに対する無知**　　ハリウッドのセクハラ行為の告発が相次いでいる中、ナタリー・ポートマン氏の告発から2つのことがわかります。ポートマン氏が語った内容は図4-2に記しましたので、こちらを参照してください。1つは、被害者は当時の嫌な状況を思い出す（二次被害となる）ので、いいたくありませんというものです。他方、被害者は、当時、セクハラそのものをよく理解していなかった（セクハラに対する無知）ということです。そして「＃ Me Too」などにより、今「セクハラとは何か」を理解し、告発する気になったということでしょう。

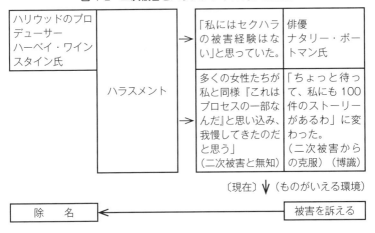

図 4-2　二次被害とハラスメントに対する無知

■**ハラスメントの連鎖**　ラリー・ナッソー氏の事件は、20年以上にわたり150人以上の女子選手に性的虐待をしていたというものです。ロンドンとリオデジャネイロの2大会連続でオリンピック金メダルを獲得した体操選手のアリー・レイズマン氏らの告発から、セクハラに対し、ものがいえない環境は、状況をより悪化させることがわかります（図4-3）。

セクハラが表沙汰にならないので、加害者は、相手を変え、セクハラを続けます。結果的に、多くの被害者を生むことになるのです。

4章　スクール・セクハラを防ぐために

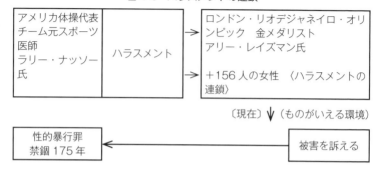

図4-3　ハラスメントの連鎖

(2) #Me Too現象の広がり

　ハリウッドの疑惑を契機に、セクハラ被害者が声を上げ、TwitterなどのSNSを通して、「#Me Too」を世界中に発信するようになりました。これはものがいえる環境ができてきたことを示しています。一人では戦えなくても、問題を明らかにし、SNSを通し同じ考えを持つ人と連帯する動きが出てきました。

　ものがいえる環境ができれば、セクハラの連鎖を断ち切ることも可能です。SNS上で表沙汰になることで、加害者は、セクハラを続けることができなくなります。結果的に、被害は少なくなります。ものがいえる環境は、被害の抑止力になります。これを図4-1から図4-3の下部に描いています。

　また、「何がセクハラなのか」という認識も深まります。「何が嫌なのか」ということを、SNSを通して共有することは、一人ひとりの武器となります。一人では対抗できないことも、SNSを通して、多くの人との連帯で対抗できます。「私だけがおかしいと思っているのだろうか」と思っていたことが、実は「皆がおかしいと思っていたこと」だったということが理解できます。

② どんなセクハラが起きているか（日本）

(1) セクハラに関する報道

　2018年4月、財務次官・福田淳一氏が女性記者にセクハラ発言を繰り返していたという疑惑が世間を賑わせました。報道をもとに、この疑惑に対する政府などの動きを時系列に整理したものが図4-4です。これに沿って説明していきましょう。

　財務省は、出だしの調査で、初歩的なミスを犯しました。「セクハラを受けた女性記者に名乗り出て調査に協力するよう求めた」（①）のです。セクハラに対応する際、このような調査はもってのほかです。なぜかといいますと、被害を受けた女性記者の名前がネットでさらされるという、二次被害を引き起こしてしまうからです。すぐに、この調査方法への批判が巻き起こりました（②）。

(2) 国によるセクハラ防止対策の推進

　批判を受けた財務省は、幹部らを対象にセクハラ防止のための研修会を開催することにしました（③）。さらに、政府も、中央省庁の幹部職員にセクハラ防止のための研修を受講させる方針にしました（④）。このような財務省、政府の動きは、セクハラ防止に取り組んでいるように見えます。スローガンに終わらないよう、実りのある研修にしていってもらいたいものです。

図 4-4　セクハラ疑惑に対する政府の動き

日　時	問　題	政府・閣議・財務省の動き	福田氏
4 月 11 日	セクハラ発言が報道された		
4 月 18 日	②調査方法への批判が起こった	財務省　①セクハラを受けた女性記者に名乗り出て調査に協力するよう求めた	
4 月 24 日			依願退官
5 月 8 日	セクハラ罪という罪に対する質問主意書（逢坂誠二議員）		
5 月 9 日		財務省　③幹部らを対象にセクハラ防止のための研修を開いた	
5 月 18 日		閣　議　「現行法令において、『セクハラ罪』という罪は存在しない」とする答弁書を決定	
5 月 24 日		閣　議　財務次官の辞任を承認	
6 月 6 日		政　府　④中央省庁の幹部職員にセクハラ防止のための研修の受講を義務づける方針。各省庁には被害の通報窓口を整備	
6 月 12 日		政　府　「すべての女性が輝く社会づくり本部」(本部長・安倍首相)は、セクハラ問題に関する省庁の緊急対策を決定。省庁の幹部職員にセクハラ防止研修受講を義務化	

　セクハラが大きな社会問題になり、対策が講じられるようになって、実はすでに 20 余年が経過しています。

　政府内部の内閣府は、セクハラ防止を進めるためにさまざまな施策を実施しています。毎年作成される『男女共同参画白書』には、雇用の場および教育の場におけるセクシュアル・ハラスメント防止

対策の実行状況（前年度）ならびに方向性（当該年度）が記されています。

　内閣府のホームページには、2001 年から 2018 年までの『男女共同参画白書』が載せられています。平成 30 年版を見ても、セクハラ防止のために、各省庁でさまざまな施策が行われていることがわかります。

　雇用の場におけるセクハラ防止対策の推進として、厚生労働省では、実効ある対策を講じるよう求めています。予防・事後対応の徹底が盛り込まれた「セクハラ指針」の内容を含め、周知啓発、指導を行っています。労働者および企業等からの相談にも適切に対応しています。厚生労働省は、介護現場でのセクハラの実態調査も行うようです。

　人事行政の公平を保つ人事院では、人事院規則 10-10（セクシュアル・ハラスメントの防止等）に基づき、セクハラ防止等の対策を講じています。

　また、教育の場でも雇用の場と同様にセクハラ防止のための施策が行われています。文部科学省では、国立大学法人等に対し、人事院規則や「国家公務員セクシュアル・ハラスメント防止週間」に関する資料など、必要な情報の提供を行っているほか、公私立大学・教育委員会等に対しても引き続き取り組みを促しています。とりわけ被害者を含めて児童生徒等の相談等に適切に対応できるよう、学校における相談体制の充実を支援しています。

　こうした内容を読んだ後、今回の政府などの対応を振り返ると、違和感を抱かないでしょうか。研修を受ければ、セクハラが起きないわけではありません。セクハラが起きない環境を、常日頃から、皆で作る努力こそが必要なのです。

4 章　スクール・セクハラを防ぐために　　97

③ 学校でどんなセクハラが起きているか

（1）わいせつ行為に関する調査結果

　2017年12月に、文部科学省から以下の衝撃的なデータが公表されました。「わいせつ行為等により226人の教職員が処分を受け、129人が懲戒免職になった」というものです。

　調査結果によると、セクハラを含むわいせつ行為等で懲戒免職になった教員が過去最多を記録しているとあります。その後、多くの報道がなされました。

（2）文部科学省による調査から見えること

　この調査は、文部科学省が毎年、都道府県・政令指定都市教育委員会を対象に行っているものです。文部科学省は、公立の小学校、中学校、義務教育学校、高等学校、中等教育学校、特別支援学校における教職員の人事行政の状況について調査を実施しています。

　文部科学省のホームページには、2008年度から2016年度までの公立学校教職員の人事行政状況調査が掲載されています。2016年度の調査項目は、以下のようになっています。

1　人事行政状況調査
　（1）精神疾患による病気休職者等数
　(2) 教育職員の懲戒処分等（交通違反・交通事故、体罰、わいせつ行為等）
　（3）指導が不適切な教員の認定及び措置等、条件付採用
　（4）人事評価

(5) 校長、副校長、教頭、主幹教諭、指導教諭の登用状況

(6) 教員出身でない者の校長等の任用状況

(7) 教職員の再任用状況

(8) 教育職員の育児休業及び介護休暇の取得状況

2　体罰の実態把握について（国立学校・公立学校・私立学校）

（下線は引用者）

1-(2)の「教育職員の懲戒処分等」について詳しく見てみましょう。以下に引用しますが、「わいせつ行為等」とは、わいせつ行為およびセクシュアル・ハラスメントのことであると定義しています。

わいせつ行為等に係る懲戒処分等の状況（教育職員）（平成28年度）

■本調査における「わいせつ行為等」の定義について

　○「わいせつ行為等」とは、わいせつ行為及びセクシュアル・ハラスメントをいう。

　○「わいせつ行為」とは、強姦、強制わいせつ（13歳以上の者への暴行・脅迫によるわいせつ行為及び13歳未満の者へのわいせつ行為）、公然わいせつ、わいせつ物頒布等、買春、痴漢、のぞき、陰部等の露出、青少年保護条例等違反、不適切な裸体・下着姿等の撮影（隠し撮り等を含む。）、わいせつ目的をもって体に触ること等をいう。

　○「セクシュアル・ハラスメント」とは、他の教職員、児童生徒等を不快にさせる性的な言動等をいう。　（下線は引用者）

文部科学省の調査は、セクハラのみに限定されたものではありません。しかし、学校におけるセクハラの実態を考えるには、これが

最善の資料です。以下、「教育職員のわいせつ行為等に係る懲戒処分等の状況」について検討します。

文部科学省の調査結果は、単年で示されています。2010年度から2016年度までの1年ごとの調査結果を、項目ごとに、経年変化がわかるように調整し、図4-5から図4-13に示しました。なお、2010年度の数値は、2011年度の資料から導き出しています。2011年度の資料から、項目ごとに細かな数値が示されています。項目によっては、人数しか示していないものがありましたので、わかりやすくするために、割合などを書き足しています。

■**わいせつ行為等に係る懲戒処分等の状況（当事者責任）**　図4-5は、わいせつ行為等をした教員がどのような処分を受けたかを示しています。2016年度までの6年間で、処分された教員は増加しています。2011年度と2016年度を比較しますと、30ポイント弱増えています。懲戒免職だけ見ても、先述の報道の通り増加しています。

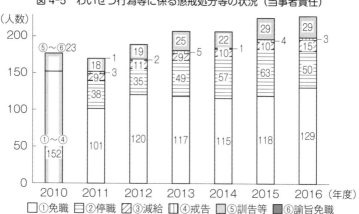

図4-5　わいせつ行為等に係る懲戒処分等の状況（当事者責任）

注：凡例の①②③〜は、文部科学省の調査結果の項目順を示している。以下同じ。

■**被処分者の性別**　図4-6は、処分された教員の性別を示しています。2016年度までの6年間で、処分された教員は、常に98%以上が男性教員となっています。

■**被処分者の年齢層**　図4-7は、処分された教員がどこの年齢層に入るかを示しています。

2016年度までの6年間で、処分された教員は、合計の人数の中で見ると、20代、30代、40代、50代、どの年代も2割弱から3割強を推移しています。

現在、教員の大量退職により、年代ごとの教員数に差異が生じています。より精確に見るのであれば、年代ごとの教員総数の中でどのくらいかを示すべきでしょう。文部科学省もそれを認識し、2012年度から、年代ごとの教員総数の中でどのくらいかを示しています。図の中の折れ線グラフがそれで、被処分者数／在職者数を表しています。

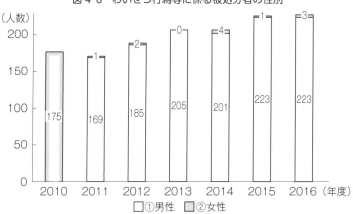

図4-6　わいせつ行為等に係る被処分者の性別

注：2010年度は総数。以下同じ。

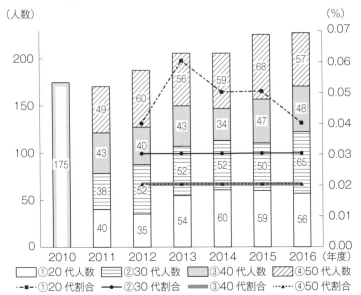

図4-7 わいせつ行為等に係る被処分者の年齢層

注：2016年度　在職者数は平成28年度の学校教員統計調査〈中間報告〉から
　　2014、2015年度　在職者数は平成25年度の学校教員統計調査から
　　2012、2013年度　在職者数は平成22年度の学校教員統計調査から

　それで見ると、20代、30代の教員の割合が高いことがわかります。本書でこれまでも提言してきていますが、教員養成段階や初任者研修などで、わいせつ行為等に関する研修を行うことが必要です。一方、40代、50代の教員の割合も0.02%を維持し、変化していません。20年近く研修が行われている現状から考えれば、なぜこの年代なのかという疑問が湧きます。若い時分から、わいせつ行為等を犯していたけれど、発覚したのが今なのでしょうか。この資料からは定かではありません。研修が機能しているのかを考える数値でもあります。

■被処分者の所属する学校種　　図4-8は、処分された教員の所属している学校がどこかを示しています。

2011年度の調査では、小学校、中学校、高等学校、特別支援学校の項目でしたが、新たな学校の登場により、2012年度から中等教育学校、2016年度から義務教育学校が項目として増えています。中等教育学校、義務教育学校については下の表にまとめてあります。

高等学校、中学校、小学校での被処分者は、それぞれ3割前後で推移しています。実は、学校種ごとに教員数が異なっています。より正確に見るのであれば、前項同様、学校種ごとの教員総数の中でどのくらいかを示すべきでしょう。文部科学省も、それを認識し、2012年度から、学校種ごとの教員総数の中でどのくらいかを示しています。表中の★印をつけた項目です。それで見ると、高等学校が平均で0.04％と高く、次いで中学校が0.03％となっています。中等教育でわいせつ行為等がよく起こっているという結果になります。

小学校で徐々に増えていることにも注意が必要です。これは小学校で、20代、30代の教員の割合が高くなっていることとも関連しています。前述したように、養成段階や初任者研修などで、わいせつ行為等に関する研修を行うことが必要です。

■わいせつ行為等の相手の属性　　図4-9は、被害者がどのような人かを示しています。

自校の生徒が3割から4割弱で推移しています。中等教育の教員のわいせつ行為等が多いので、自校の生徒が被害にあうことが多くなるのです。その次は、年度によって変動があり、自校の教職員、その他一般人、18歳未満の者が1割弱から3割弱となっています。わいせつ行為等は、セクハラに限定したものではないので、被害者もかなり広範囲になっています。

図4-8 わいせつ行為等に係る被処分者の所属する学校種

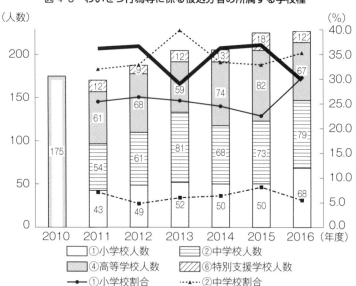

年度	2012	2013	2014	2015	2016
①小学校★	0.01	0.01	0.01	0.01	0.02
③義務教育学校人数					0
割合（%）					0.00
義務教育学校★					0.00
②中学校★	0.03	0.03	0.03	0.03	0.03
⑤中等教育学校人数	0	1	0	1	0
割合（%）	0.00	0.50	0.00	0.40	0.00
中等学校★	0.00	0.07	0.00	0.06	0.00
④高等学校★	0.04	0.03	0.04	0.04	0.04
⑥特別支援学校★	0.01	0.01	0.02	0.02	0.01

★被処分者数／在職者数（%）（在職者数は当該年度の学校基本調査より）

図 4-9 わいせつ行為等の相手の属性

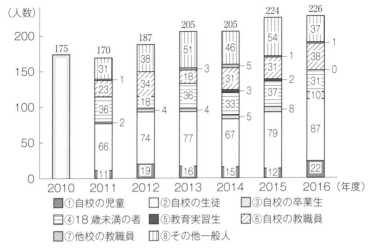

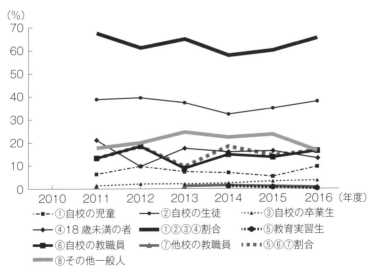

＊該当事項が複数ある場合には、最も当てはまるもの1つを選択回答。以下同じ。

図4-9の折れ線グラフでは、児童生徒ほか（凡例①～④）／教職員（教育実習生を含む）（凡例⑤～⑦）／その他一般人（凡例⑧）と、被害者を大きく分けて太線で割合を表しています。これを見ると、児童生徒ほかの被害者が6割前後を占めています。これはものがいえない環境が影響を及ぼしていると考えられます。

■**わいせつ行為等が発覚した要因**　図4-10は、わいせつ行為等がどのように発覚したかを示しています。

1位は警察からの連絡等で、2割強から3割強で推移しています。その次は、一般の教職員への相談が2割前後、校長等管理職への相談が2割弱、学校や教委への通報が1割前後となっています。スクールカウンセラー、セクハラ相談などの相談窓口の利用は、多くありません。

文部科学省は、一般の教職員への相談と校長等管理職への相談を合わせた数字も示しています。黒色の太い折れ線グラフがそれです（凡例①②割合）。それで見ると、4割前後で推移しています。学校の教職員への相談が多いということがわかります。ここからも教職員の責任はきわめて重いということをあらためて確認しておく必要があります。

■　**わいせつ行為等が行われた場面**　図4-11は、わいせつ行為等がどの時間帯で行われたかを示しています。1位はその他勤務時間外で、5割から7割弱で推移しています。その次は放課後で、1割前後です。授業中も1割前後で、増える傾向にあります。

■**わいせつ行為等が行われた場所**　図4-12は、わいせつ行為等がどこで行われたかを示しています。1位はその他で、2割強から4割弱で推移しています。その次は、保健室・生徒指導室等、教室、ホテルで、それぞれ1割前後になっています。

図 4-10 わいせつ行為等が発覚した要因

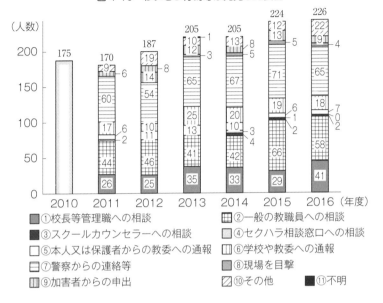

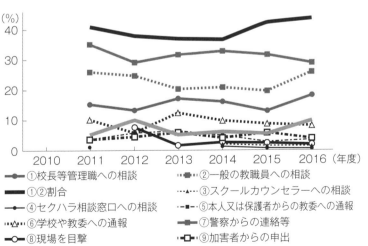

4章 スクール・セクハラを防ぐために

図4-11 わいせつ行為等が行われた場面

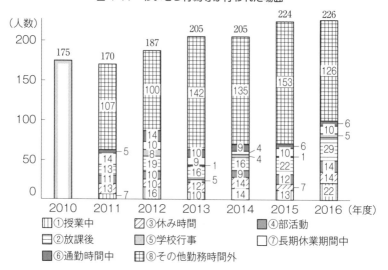

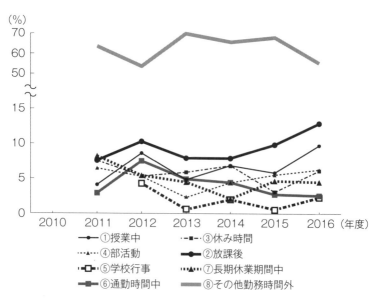

図 4-12 わいせつ行為等が行われた場所

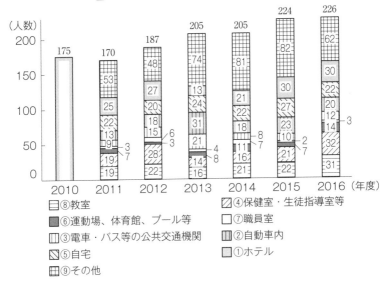

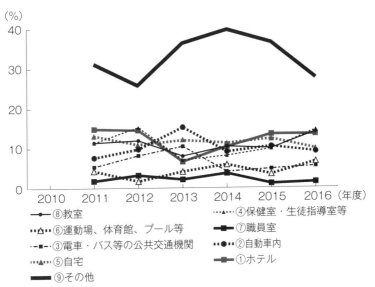

4章 スクール・セクハラを防ぐために

図 4-13 わいせつ行為等の様態

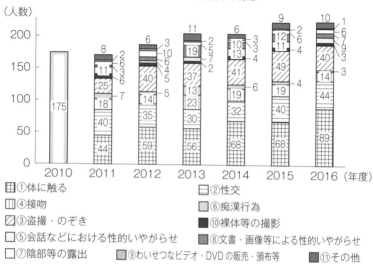

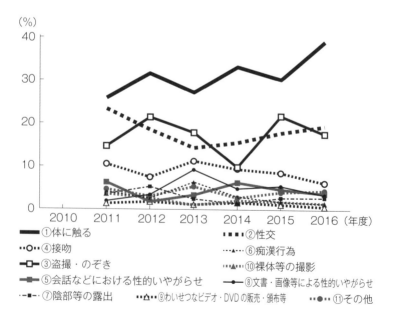

図4-11、図4-12から、一対一になり人目を気にしないですむ場面では、わいせつ行為等が起こりやすいということがわかります。このような場面を、作らないことが重要です。

■わいせつ行為等の様態　図4-13は、わいせつ行為等がどのようなものであったかを示しています。

1位は体に触ることで、2割強から4割弱で推移しています。その次は、性交、盗撮・のぞきで、それぞれ2割前後となっています。

文部科学省の定義によれば、セクハラは、ほかの教職員、児童生徒等を不快にさせる性的な言動等をいいます。「言動」という字義に一番近い項目は、会話などにおける性的いやがらせが該当します。2.1％から6.5％で推移していますが、数値的な割合としては少ないです。しかし、「不快にさせる性的な言動等」の範囲はどこまで含まれるのかを考えると、違った結果になります。体に触る、性交、接吻、痴漢行為、盗撮・のぞき、裸体等の撮影、文書・画像等による性的いやがらせ、陰部等の露出、わいせつなビデオ・DVDの販売・頒布等、すべてが入るのではないでしょうか。

(3) 調査の価値と限界

わいせつ行為とセクハラを分離できないかを意識しながら、図4-5から図4-13までの調査結果を見てきました。わいせつ行為等が行われた場面（図4-11）、場所（図4-12）、様態（図4-13）の調査結果を見ると、わいせつ行為とセクハラを分離することは簡単ではありません。

一つは、「不快にさせる性的な言動等」の等の範囲が示されていないからです。様態の項目の中には、不快にさせる性的な「言動」もあれば、不快にさせる性的な「行為」もあります。

4章　スクール・セクハラを防ぐために　111

もう一つの理由としては、該当事項が複数ある場合に、最も当てはまるもの一つを選択回答することになっているからです。様態で、「体に触る」にチェックをつけた場合、「会話などにおける性的いやがらせ」をされていたとしても、数値として出てきません。そうすると「会話などにおける性的いやがらせ」の数値は、当然、低くなります。当てはまるものすべてにチェックをさせる方が精度は上がるでしょう。

　セクハラに関する全国的な調査は、文部科学省のこの調査しかありません。項目ごとに、経年変化を見ることで、その特徴が明らかになりました。それらは、学校におけるセクハラを防止する際の視点となりえます。

④　学校でセクハラが生じたらどうすればよいか

　「#Me Too」現象の広がりで、セクハラへの関心度が急激に高まっています。大学、中学校、高等学校でセクハラが起きた場合、どのように対応しようとしているのかを、ここでは考えます。その際、被害者側の視点で考えます。

　なお、大学、中学校、高等学校のそれぞれの対応をあげつらうのが目的ではありません。学校段階での対応の困難さを認識し、どのような対応ができるのか、必要なのかを考える一助にしてほしいと思います。

　大学生のAさん、中学生のBさん、高校生のCさんがセクハラ被害にあったことを想定して、具体的に検討していきましょう。

【大学生（都内Ｍ大学）Ａさんの場合】

■ポスター、リーフレット、学生手帳、ホームページ　　大学では、学内掲示板にハラスメント防止および対策のポスターが貼ってあります。ポスターには、「ハラスメントに当たるのはどのようなものですか」「ハラスメントを受けた場合、どのような手続きをとれば良いですか」といったことが目につくように描かれています。さらに、ハラスメントを受けた場合の相談窓口のアドレスも記されています。

　ハラスメントは、セクシュアル・ハラスメントだけではありません。Ｍ大学は、1998年からセクシュアル・ハラスメント防止に取り組んできました。そして、2011年から、アカデミック・ハラスメント、パワー・ハラスメントを含むハラスメント全般に対処し、防止していくようになりました。

　大学は、新入生のオリエンテーションで、ハラスメントを受けた場合の対処法を記したリーフレットを配布します。新入生だけでなく、在学生にも毎年4月に、ハラスメントを受けた場合の対処法を記した学生手帳を配布します。大学は、さまざまな媒体を通じ、学生（だけでなく教職員）に対し、ハラスメントの防止および対策を図っています。

　ポスター、リーフレット、学生手帳などが手元にない場合は、大学のホームページが有効です。大学は、ハラスメントを受けた場合の対処法を記したホームページを公開しています。

　ポスター、リーフレット、学生手帳、そして、ホームページの内容は、基本的に同じです。媒体によって、内容も簡略化されていたり詳細に記されていたりします。紙面の制限を受けないホームページがより詳しいです。

4章　スクール・セクハラを防ぐために　　113

■ハラスメント人権委員会　　ハラスメントを受けたＡさんは、これらの情報をもとに行動を起こします。教職員の相談員を選び、電話、電子メール、手紙などで連絡をとり、ハラスメントについて相談します。その際、教職員の相談員は、Ａさんから被害の状況、回復への希望（今後どうしてほしいか）を聴き、次のステップに移ります。Ａさんが次のステップに進まない場合は終了となります。

　Ａさんが次のステップに移ることを希望した場合、カウンセラーが引き受けます。カウンセラーは、Ａさんに寄り添いながら、被害の状況、回復への希望を聴き、その次のステップに移ります。Ａさんが次のステップに進まない場合は終了となります。

　カウンセラーは、大学のハラスメント人権委員会で、Ａさんの状況を説明し、ハラスメント委員（前述の教職員の相談員が兼務）で話し合います。話し合いの結果、ハラスメント委員会が必要と認めれば、調停委員会、調査委員会を立ち上げます。

　調停委員会、調査委員会では、外部の弁護士も加わり、ハラスメントの事実確認が行われます。被害者のＡさん、加害者のＸさんから、当時の状況を聴くことになります。事実確認の結果は、ハラスメント人権委員会で報告され、ハラスメント委員で話し合います。ハラスメント人権委員会は、話し合いの結果（学長への提言等）を事務局長を含む学長等に伝えます。学長等は、学則に基づき、ハラスメントを行ったＸさんに処分等を行います。

　ほとんどの大学で、ハラスメント防止規程、ハラスメント相談窓口、ハラスメント委員会などが整備されてきています。ハラスメントが問題になる20年ほど前までは、多くの大学で規程などは整備されていませんでした。当時、ハラスメントの対応に当たった教職員は、手探りで解決に向け対応していましたが、その対応は激務で

した。現在、規程などが整備され、対応はスムーズになってきています。とはいえ、調停委員会、調査委員会を立ち上げた場合、当該の委員になった教職員は、通常の業務以外に対応に当たらなければなりません。時間的にも精神的にも大きな負担となります。Ａさん、Ｘさんからの聴き取り日程も簡単に決まるわけではなく、Ａさん、Ｘさん、委員の日程調整が必要となり、場合によっては数カ月かかることもあります。

　ハラスメントを起こさない環境づくりがますます重要となってきています。だからこそ、大学では、冒頭にも紹介したように、さまざまな媒体を使って、防止および対策の取り組みを行っています。

【中学生（埼玉県Ｓ市立Ｃ中学校）Ｂさんの場合】

　中学校では、どうでしょうか。

■生徒手帳　　中学校では生徒手帳が配布されています。Ｂさんの学校の生徒手帳には何が書かれているのでしょうか。生徒手帳の章立てをあげてみましょう。

この手帳は（手帳の意味）	6.　生徒会会則
校章の由来	7.　生徒会各種委員会細則
1.　校歌	8.　生徒会組織表
2.　学校の概要	9.　生徒会選挙規定
3.　学校教育目標、学年目標	10.　住所、連絡、諸届、時間割
4.　学級目標、私の目標	11.　日課表の項目
5.　生徒心得	

　これを見ると、生徒手帳には主に生徒の心得が記されています。生徒手帳は、ポケットに入るサイズなので、厚さも薄く大きさも小さいです。生徒手帳には、ハラスメント防止および対策に関する記

4章　スクール・セクハラを防ぐために　　*115*

述はありません。

■学校のホームページ　　C中学校のホームページを開いてみます。ここにもハラスメント防止および対策に関係するページは見当たりません。ホームページが一般的になって早20年です。大学は広報担当の部局があり、ホームページを充実させるのは難しくはありません。しかし、小規模の学校でホームページを充実させるのは容易ではありません。大学は多くの学生がいますし、ホームルームもありませんので、ホームページは伝達手段としては効果的です。中学校では、ホームページよりも学校（ホームルーム）で生徒に直接伝える方が効果的です。

■さわやか相談室　　中学校では、生徒が悩みを相談する窓口として相談室があります。C中学校には「さわやか相談室」がありますので、どのようなところかを見てみましょう。生徒への配布物に相談室の紹介として次のようにあります。

　　C中学校区の児童・生徒や保護者の方が、だれでも気軽に話に来ることができます。
　　誰に相談したらいいか分からないこと
　　困っている・悩んでいること
　　一人で考えてしまって苦しいこと……など
　　どんなことでも話してみてください。話すだけで心が元気になり、解決の糸口が見つかることもあります。相談室では、今できる一番良い方法をあなたと一緒に考えていきたいと思います。なお、相談にこられた人の名前や相談内容の秘密は、必ず守りますので、安心して相談室をご利用いただけます。

これを見ると、「さわやか相談室」がハラスメントに間接的に対応する組織であることがわかります。「さわやか相談室」には、非常勤のスクール・カウンセラー（臨床心理士）1名、さわやか相談員1名が配置され、対応するようになっています。

　ハラスメントを受けた場合、Bさんは、「さわやか相談室」に駆け込むことになります。大学でしたら、相談員、カウンセラーに相談するレベルです。しかし、次のステップについて細かく記されていません。Bさんはどうしたらよいのでしょうか。

　中学校では、各家庭向けにさまざまなものを配布しています。

■配布物・こころのふれあい　　市役所総務部人権推進課が「こころのふれあい⑫」を配布しています。内容を見ていきましょう。

こころのふれあい⑫

　憲法第11条に「国民は、すべての基本的人権の享有を妨げられない」とあります。

　私たちには、人間らしく生きていくためには自由と幸福を追求する権利があります。

　　特集：（1）基本的人権の尊重とは

　　　　　（2）「部落差別の解消に関する法律」が成立！

　　　　　（3）パワハラやセクハラも重大な人権侵害！

　　　　　（4）ハラスメントを受けたなら

　　　　　（5）小中学生人権標語入選作品

- -

（3）パワハラやセクハラも重大な人権侵害！

　　（（パワー・ハラスメント（パワハラ）））　　　略

　　（（セクシュアル・ハラスメント（セクハラ）））

　女性に対して不必要な接触をしたり、容姿や身体のことを話題にしたり、結婚や出産のことを執拗に聞いたりするのは女性の人権を著しく侵害する不道徳な行為です。

　パワハラやセクハラは、身近な場所で常に起こる可能性があります。

4章　スクール・セクハラを防ぐために　　117

日常の何気ない行動が相手に不快感を与えるハラスメントになっていないか、今一度考えてみましょう。

被害者は、精神的ダメージの蓄積で自殺にも繋がりかねない大きな傷を心に受けてしまいます。

雇用主、管理者などの責任には、相談体制の充実を図るとともに、早期に気づいて適切な防止策をとることや秘密保持の責任があります。

＊セクハラ防止対策：男女雇用機会均等法（第11条）において、事業主は、セクハラ対策として、被害者が不利益を受け、就業環境が害されることのないよう相談窓口の充実など雇用管理上必要な措置を取るよう義務づけられています。

事業主だけでなく、管理職、従業員、あるいは地域ぐるみでそれぞれの立場からセクハラ防止の対策を考え、普段から取り組んでいくことが大切です。

(4) ハラスメントを受けたなら

ハラスメント（harassment）とは、相手を「悩ませる」「苦しめる」という意味で「嫌がらせ」とも訳されます。

相手に脅威を感じさせるような言動のことで、DV（ドメスティック・バイオレンス）やいじめもハラスメントに当たります。

もしハラスメントを受けた場合は、被害を深刻にしないためにも次の点に留意しましょう。

1　一人で我慢したり、無視したり、受け流しているだけでは必ずしも状況は改善されません。勇気を持って行動し、はっきりと自分の意思を相手に伝えましょう。

2　まず、身近で信頼できる人に相談しましょう。そこで解決することが困難な場合には、職場や学内等の相談窓口に申し出ましょう。

3　ハラスメントを受けた日時や内容等について、できるだけ詳しく記録しておき、可能であれば第三者の証言を得ておくようにしましょう。

4　自分の周りで被害に遭っている場面を見かけたら、見過ごさずに行為者に対して注意をうながすか、相談窓口等に助けを求めましょう。

決して、差別や虐待、暴力やハラスメントを受けているあなたが悪いのではありません。
　周りの人も被害者が自己否定に陥らないように支えてあげることが大切です。

Ｓ市役所総務部人権推進課

　これを見ると、セクハラの定義、雇用者、管理者の役割が記され、「ハラスメントを受けたなら」で被害者や周りの人々への対応が記されています。Ｂさんはこの「こころのふれあい⑫」で「セクハラとは何か」に関する知識を得ることはできます。「相談窓口等に助けを求めましょう」と記されていますが、相談窓口そのものは示されていません。

■配布物・子どもの人権　SOSミニレター　中学生用　　さいたま地方法務局・埼玉県人権擁護委員連合会が「子どもの人権　SOSミニレター　中学生用」を配布しています。

　これによると、「家庭や学校で困っていること」について手紙、電話、メールで相談できることが記されています。相談には、人権擁護委員や法務局職員が応じるようになっています。ハラスメント防止および対策に特化したものではありませんが、Ｂさんは、「学校で困っていること」として、相談することができます。

子どもの人権　SOSミニレター　中学生用

悩んでいるあなたへ。
私たちが必ず力になります。
家庭や学校で困っていることはありませんか？
でも誰かに相談したり、話すことはなかなかできないこともありますよね。

そんなときはあなたのメッセージをこの手紙に書いて、教えてください。

人権問題に詳しい人たちが一緒に考え、悩んでいるあなたの力になります。

相談内容の秘密は守ります。

SOS ミニレターの利用の流れ

　裏の用紙の SOS ミニレターに悩みを書いて送ってください。

　あなたの手紙を人権問題に詳しい人が読んで、どうしたら一番いいかを考えます。

　希望の連絡方法（電話・手紙）であなたに返事をします。

例えばこんなときに利用してください。

　●友達からいじめを受けている。

　●携帯サイトやインターネットで悪口を書き込まれた。

　●暴力を受けて悩んでいる。

　●学校や家、その他のことで悩みがある。

- -

SOS ミニレターの他に、「電話」や「メール」で相談することもできます。

電話で相談　電話料金はかかりません。携帯電話・スマートフォンからもかけられます。

　相談時間：月曜日～金曜日　午前 8:30～午後 5:15

　＊土曜日、日曜日、祝日、平日の時間外は留守番電話です。

メールで相談　法務省のホームページでも相談を受け付けています。

　子どもの人権 SOS－e メール

　インターネット人権相談　検索　24 時間受付

　http://www.jinken.go.jp/　QR コードからもアクセスできます。

困ったときに相談できる連絡先カードです。切り取って、いつも携帯してください。

　　　　　　　　　さいたま地方法務局・埼玉県人権擁護委員連合会

【高校生（神奈川県立 S 高等学校）C さんの場合】

　高等学校では、どうでしょうか。

■**学校のホームページ**　　中学校と同じように、C さんの学校の

ホームページを開いてみました。ここで中学校と異なるのは、不祥事ゼロプログラムのページが INDEX に貼りつけられています。これは、神奈川県全体で不祥事ゼロを目指す取り組みで、2007 年に県職員等不祥事防止対策条例を制定し、2015 年に「地方教育行政の組織及び運営に関する法律」の改正により条例の一部改正を行っています。

　不祥事とは、セクハラ、わいせつ行為、体罰、不適切指導などを指しています。校長を実施責任者として、学校全体で、不祥事ゼロを目指しています。しかし、ハラスメント防止および対策に関する具体的な記述がなされているわけではありません。C さんはどうしたらよいのでしょうか。

不祥事ゼロプログラム 県立 S 高等学校

　S 高等学校は、次のとおり不祥事の発生をゼロにすることを目的として、平成 29 年度不祥事ゼロプログラムを定める。

1　実施責任者
　S 高等学校『不祥事ゼロプログラム』の実施責任者は校長とし、副校長、教頭及び事務長がこれを補佐する。

2　目標及び行動計画
　毎月、次にあげる①〜⑨を主たる内容として事故不祥事防止に関する研修会または会議を実施する。
　①　略
　②　セクハラ、わいせつ行為
　　ア　目標　セクハラ、スクール・セクハラ、わいせつ行為を未然に防止する。
　　イ　行動計画　i　職員啓発資料等をもとに、平成 29 年 4〜6 月中に、所属教職員全員（各課程）を対象にしたセクハラ、スクール・セクハラ、わいせつ行為防止に関しての事故不祥事防止会議を実施する。

　　　　略

③④⑤⑥⑦略

⑨　Ｓ高校「不祥事」全体対応

　　ア　目標　すべての「不祥事防止」に対して職員の自覚を促し、「不祥事」を未然に防止する。

　　イ　行動計画

　　i　平成29年12月中に、再度一斉点検チェックリストによる点検を行う。

　　ii　平成30年3月末までに、全職員に対して平成29年度のＳ高校における『不祥事ゼロプログラム』の取組みに関する検証を行う。

3　検証

（1）　第一回検証

（2）　第二回検証

（3）　最終検証

（4）　他校や教育局職員の訪問による検証

　　　他校や教育局職員の訪問を受け、本校職員から聴き取り調査をしてもらい、その検証結果を受けて、さらに本校内の事故不祥事防止対策を改善していく。

4　実施結果　　3（3）の結果を踏まえ「実施結果」を取りまとめた上、Ｓ高校HPに公表する。

5　事務局　　プログラムの策定及び実行の具体的手続きについては、企画会議がこれを行う。

　Ｂさんの中学校も、Ｃさんの高等学校もそうですが、ホームページの記載には限界があります。Ｂさんの場合、Ｓ市やさいたま地方法務局・埼玉県人権擁護委員連合会からの配布物で、相談窓口に至りました。そこで、県立高等学校を統括する教育委員会のホームページを探ることにします。検索用語として、「神奈川県教育委員会」と「セクシュアル・ハラスメント」を入力すると、「STOP！ザ・スクール・セクハラ－神奈川県ホームページ」が最上位に出てきます。

■「STOP！ザ・スクール・セクハラ」ホームページ　　検索でき
た神奈川県のホームページの中の「STOP！ザ・スクール・セクハラ」
をたどってみましょう。ホームページの内容を以下にまとめました。

　神奈川県では、「県立学校生徒対象のセクシュアル・ハラスメン
トに係るアンケート調査結果」を踏まえ、被害を受けた児童生徒か
らの相談対応専用窓口を神奈川県教育局内に設置しています。Cさ
んは、この窓口で相談することができます。教育局あるいは教育委
員会自らがスクール・セクハラ向けの相談窓口を置いているという
のは、全国でも先進的な取り組みです。

　「STOP！ザ・スクール・セクハラ」のページの中で、試しにリ
ンクを貼られている「専用の窓口（県立学校対象）」をクリックしま
すと、「一人で悩まず相談を！」のページが出てきました。相談窓
口の受付などが詳しく記されています。

STOP！ザ・スクール・セクハラ

STOP！ザ・スクール・セクハラ
セクハラを防止するために…（県教育委員会の取組）
児童・生徒向け啓発
　スクール・セクハラ相談窓口での相談の受付
　⇒被害を受けた県立学校児童・生徒からの相談に対応するため
　　専用の窓口（県立学校対象）を神奈川県教育委員会内に設置し
　　ています
　啓発資料の作成

平成30年度 セクハラ防止 啓発ポスター	児童・生徒への啓発の充実を図るため、啓発資料やポスターを作成し、県立学校の児童・生徒へ配付したり、校内に掲示したりしています。 児童・生徒向けの啓発資料では、被害を受けた時は信頼できる人に相談することが第一歩であるこ

4章　スクール・セクハラを防ぐために　　123

とに重点を置き、学校内外の相談できる機関も紹介しています。

生徒向けの啓発資料には、デートDVについても記載しています。

●STOP！セクハラ　デートDVリーフレット平成30年度版

●STOP！セクハラ　デートDVリーフレット平成29年度版

教職員向け指導・啓発

STOP！
ザ・スクール・
セクハラ

神奈川県の公立学校におけるセクシュアル・ハラスメントを防止するため、教職員の研修の充実、県立学校長あて通知による教職員への指導の徹底及び点検（21・22年実施）、学校における未然防止に向けた事前指導の徹底、教職員向け冊子を発行しています。また、セクハラに係るアンケート調査結果を踏まえた取組の一環として、教職員向け指導・啓発資料を作成しています。

●教職員向け資料（平成23年3月）【PDFファイル】

1　学校におけるセクシュアル・ハラスメント
2　スクール・セクハラ
3　スクール・セクハラに対する考え方
4　スクール・セクハラ防止に向けて
5　スクール・セクハラが起こってしまったら
6　スクール・セクハラ防止に向けた研修

●教職員向けセルフ・チェック・リスト【PDFファイル】

教育実習生向け啓発

　教育実習生への啓発の充実を図るため、相談窓口等を掲載した啓発資料（チラシ）を作成し、教育実習生へ配付しています。

●教育実習生向け啓発資料【PDFファイル】

セクハラアンケート調査

　県立学校（高等学校、中等教育学校後期課程及び特別支援学校高等部）全ての生徒を対象に実施したセクハラに係るアンケート調査

の結果です
●平成29年度県立学校生徒対象のセクハラに係るアンケート調査
　結果について
●平成28年度県立学校生徒対象のセクハラに係るアンケート調査
　結果について

一人で悩まず相談を！

一人で悩まず相談を！
学校でいやなことをされたり、言われたりして、困っていませんか？
我慢しないで‼ 身近な信頼のできる人に相談する、相手に不快であ
ることを伝えるなど、勇気を出して解決に向けての行動を起こして
ください。
スクール・セクハラ相談窓口（県立学校対象）
　被害を受けた生徒からの相談に対応するため、神奈川県教育委員
会内に「スクール・セクハラ相談窓口」を設置しています。
　スクール・セクハラ相談窓口電話　（045）210-8041（直通）
　月曜から金曜（年末年始・祝日を除く）
　8時30分から12時、13時から17時15分
　秘密は守られます。匿名でも相談は受けられます。

　さらに、啓発資料のリーフレット「STOP！セクハラ　デート
DV（平成30年度版）」を見てみましょう。これには、神奈川県教育
委員会以外の県内にある相談窓口が紹介されています。Cさんは、
これらの相談窓口のどれかを選び、相談することができます。

4章　スクール・セクハラを防ぐために　　125

STOP！セクハラ　デートDV

1．セクハラ
　セクハラの定義
　　事例　言う　見る・見せる　行う　決めつける
　あなたがセクハラを受けたら
　セクハラを見たり、被害を相談されたりしたら
　身近な人に相談しにくかったら
　相談窓口
　　スクール・セクハラ専用相談窓口　神奈川県教育委員会
　　総合教育相談　　　　　　　　　　神奈川県立総合教育セン
　　　　　　　　　　　　　　　　　　ター
　　子どもの人権110番　　　　　　　横浜地方法務局
　　子どもの人権相談　子どもお悩みダイアル
　　　　　　　　　　　　　　　　　　神奈川県弁護士会
　　ユーステレホンコーナー　　　　　神奈川県警察少年相談・保
　　　　　　　　　　　　　　　　　　護センター
　　スクール・セクシュアル・ハラスメント電話相談
　　スクール・セクシュアル・ハラスメント防止関東ネットワーク
2．デートDV（略）

　以上、セクハラの被害を受けたAさん、Bさん、Cさん（と、その家族など）がどこでセクハラの相談をできるのかという視点でシミュレーションを行いました。

　Aさん、Bさん、Cさんが自分自身でしっかり相談できれば問題はありません。しかし、Aさん、Bさん、Cさんが迷っている場合はどうでしょうか。Aさん、Bさん、Cさんの家族・友人などが、どこでセクハラの相談をできるのかがわからないと難しいです。

　前掲した文部科学省の調査（図4-10）では、校長等管理職および教職員への相談が4割近くを占めていました。多くの人が、教職員

に相談しています。

　しかし、担任の先生、あるいは、部活の顧問がセクハラをした場合、どこに相談をしに行くかは微妙です。

　大学の場合、複数の相談員（ほぼ男女半々）を配置していますので、Ａさんは利害関係の絡まない相談員に相談することができます。また、大学のハラスメント人権委員会は学長直属で、複数の教職員が委員として所属していますので、かなり独立した組織になっています。理想は、第三者委員会ですが、そこまで到達してはいません。大学は、小中高等学校に比べれば、セクハラを防止しセクハラに対応する独立の組織を設置することが可能です。

　しかし、小中高の場合は、どうでしょうか。学校独自で対応となると、セクハラの対応に力量のある校長等管理職を含む教職員がいないと、うまくいきません。実際に、管理職を含む教職員の多忙を目にしていると、セクハラが起こると学校組織が機能しなくなるでしょう。Ｂさんの例からも明らかなように、学校に配属されている相談員やカウンセラーの手を借りながら、セクハラに対応せざるを得ません。そして、Ｂさん、Ｃさんの例からも明らかなように、外部の専門機関の手を借りながら、セクハラに対応せざるを得ないのです。

　もちろん、管理職を含む教職員の手を離れるわけではありません。被害者の最初の事実確認は、相談員、カウンセラー、外部の専門機関が行ったとしても、その後の展開で、学校側が何もしないですむわけではありません。セクハラの事実が明らかになれば、被害者と加害者を離すなどの被害を止める手立てを早急にしなければなりません。被害者へのケア、加害者へのケアもしなければいけません。注意ですめばよいですが、被害者が裁判に訴えることもあります。

4章　スクール・セクハラを防ぐために　　127

⑤ セクハラを防ぐために

学校は、セクハラが起きてはいけない場所ですが、現実には起きています。

（1）なぜハラスメントが起きやすいのでしょうか

学校は、児童生徒がものをいえない環境をすぐに作ってしまいます。どういうことでしょうか。

教員は、自分の専門分野に関し、児童生徒よりも優れていると思っています。「正しいことを教えている」という教員の意識が強ければ強いほど、児童生徒はものをいうことができなくなります。教員の中には、間違ったことを行っても、それを認めない者がいます。自分の考えが一番正しいと思っている教員です。そういった教員は、児童生徒が間違いを指摘すると、自分の間違いを認めず、かんしゃくを起こし、児童生徒に不満をぶつけることもあります。

こういうときにハラスメントは起きやすいのです。児童生徒が教員の間違いを指摘するには勇気がいります。なぜなら、その児童生徒の評価権を握っているのが教員だからです。多くの児童生徒は自らの評価を落とされず無難に過ごすために、教員の間違いを指摘せずに、やり過ごすことになってしまいます。

学校には、教員と児童生徒という上下関係があり、教員の言動は正しいから児童生徒は従うべきであるという権力構造があります。

ハラスメントを防ぐためには、児童生徒がものをいえる環境を作る必要があります。

(2) なぜセクハラが露見しないのでしょうか

　学校でセクハラが起こっていることは、これまで掲げられてきた事例や文部科学省の調査で明らかです。教員がセクハラを起こした場合、どういう対応がとられるのでしょうか。

　3章【事例30】のように、学校に相談しても校長等管理職がとりあってくれない場合があります。

　この背景を、本書3章の執筆者でもあり、SSHP全国ネットワーク代表の亀井明子さんは、「教職員の不祥事は、校長も処分対象になるために、もみ消しはよくあること」と指摘しています。もみ消し（隠ぺい）をさせないために、SSHP全国ネットワークや信頼できる弁護士など第三者にも相談していることを告げたうえで、教育委員会にも相談しておくのがよいとします。もみ消しを防ぐためには、使えるルートはできるだけ使うということです。

　前掲した文部科学省の調査でも、校長等管理職へのハラスメントの相談は少なくありません。ハラスメントが生じると不祥事とみなされ、校長等管理職は責任を負わないといけません。人によってはもみ消すこともあります。校長等管理職は、もみ消すといった無責任な対応をするのではなく、責任ある対応をとらなければいけません。前述したように、被害者と加害者を離すなどの被害を止める手立てを早急にすべきです。その後、被害者へのケア、加害者へのケアもしなければいけません。危機管理は、校長等管理職にとって、重要な業務です。

(3) なぜ解決が難しいのでしょうか

　被害者の言い分と加害者の言い分が真っ向から対立することがあります。どちらが正しいのでしょうか。加害者の方が権力を持って

いる場合、それを打ち負かすことは容易ではありません。

　私も大学で、セクハラ被害に対応したことがあります。大学の調査委員会で、被害者／加害者双方の言い分を聴きました。セクハラか否かの重要な部分でズレが生じました。どちらが正しいのかを判断することは困難です。弁護士と相談しつつ、被害者が納得するような方向を模索しました。

　被害者、加害者双方が納得しなかった場合、対応は難しくなります。場合によっては、被害者が裁判に訴えることになります。

　セクハラ被害に独自に対応する機関を持たない小中高校で、セクハラに対応するのは、実に大変です。前述のシミュレーションで見たように、専門職員のいる外部機関に委ねることになります。しかし、外部機関も道先案内人にすぎません。被害者は、外部機関と連携をとりながら学校に対応を求めてきます。被害が起これば、被害者にとっても学校にとっても、大変な道のりを歩むことになります。

（4）被害を最小限になぜできないのでしょうか

■**わいせつ教員の氏名公表**　　　文部科学省は、被害の再発を防止するために、都道府県と政令指定都市の教育委員会にわいせつ教員の氏名公表を求めています。

　しかし、わいせつ教員の氏名公表は進んでいません。2017年の報道によると、都道府県と政令指定都市の教育委員会の約4割が、懲戒処分を公表していませんでした。

　セクハラの場合、わいせつ教員の氏名公表は、時に被害者を危険にさらしてしまいます。被害者への誹謗中傷（二次被害）の原因になることがあるのです。そのため、わいせつ教員の氏名公表が進まないのです。

とはいえ、わいせつ教員の氏名公表を行わなければ、それはそれで問題が生じます。わいせつ教員が、違う職場であるいは違う人に、わいせつ行為を起こす危険性が皆無ではないのです。本章冒頭で述べたアメリカの事例でも、多くの被害が出ていました。

教育委員会の中には、わいせつ事案での処分が後を絶たないため、わいせつ教員の氏名公表することで学校現場の意識を高め、抑止につなげたいと考えるところも現れてきています。

■**教員免許管理システムの運用**　教育職員免許法の規定では、懲戒免職等の処分、禁錮以上の刑を受けた場合、教員免許は失効します。失効の情報は「官報」に掲載され、教員免許管理システムにも登録されます。しかし、わいせつ行為等で懲戒処分になっているにもかかわらず、別の場所で教員に再雇用され、被害が起こったという事例が明らかになりました。このシステムでは、情報共有に課題があることがわかりました。

そこで、文部科学省は「このシステムを改修し、わいせつ行為等で懲戒処分を受けた教員の情報を教育委員会で共有し、処分歴を確認できるように」と考え、2018年度に向け概算要求を行いました。

この改修でも、「懲戒処分せずに依願退職で済ませるなど抜け道があり、これで子どものわいせつ被害がなくなるとは言えない」といったNPO法人「CAPセンター・JAPAN」の長谷有美子事務局長の指摘もあります。

（5）通達、研修は本当に機能しているのでしょうか

重大な事件が起きるたびに、通達や研修が行われます。しかし、セクハラが世間で騒がれている割に減少には向かっていません。

通達は届いているのでしょうか。また、研修は実りあるものになっ

4章　スクール・セクハラを防ぐために　*131*

ているのでしょうか。通達が届いていても、セクハラをしている者には読まれていません。「私には関係ない」と。研修が行われていても、セクハラをしている者には響いていません。「私には関係ない」と。

笑い話のようですが、大学のハラスメント人権委員会で研修を行っても、参加者は委員だけということもあります。では、全員参加の研修がよいのかといえばそうでもありません。参加する教員が聴く耳を持たない限り、研修の効果は薄いのです。

学校現場に行くと、校長等管理職がハラスメントゼロを目指そうと努力している姿を見かけます。しかし、教員の中にいわゆる猛者を見かけることもあります。生徒には「講演をしっかり聴け」といいながら、自分は講演中、居眠りをしているのです。

通達、研修への向き合い方には個人差があります。まじめな教員ほど熱心に話を聴き、不真面目な教員ほど聴いていません。私自身も、教員を前に講演した際に、「教員は聴く耳を持っていない」ということを感じます。

だからこそ、研修のやり方を工夫する必要があります。話も大事ですが、ワークショップなどを取り入れ、教員自らが学ぶようなものにしていかなければなりません。

(6) セクハラを防止するために、今、何ができるのでしょうか

多くの教育委員会で、セクハラを防止するために、さまざまな試みが行われています。

■**実態調査**　1章でも紹介されましたが、千葉県教育委員会、神奈川県教育委員会では、実態調査を行っています。実態調査を行うことで、セクハラに関する認知度が上がります。こうした調査は、

千葉県教育 委員会	2004年度から「セクシュアル・ハラスメントに関する実態調査」を実施。対象は、千葉市立学校及び市立高等学校を除く、すべての公立小学校、中学校、高等学校、特別支援学校に在籍するすべての児童・生徒及び職員（臨時・非常勤職員を含む）。
神奈川県教 育委員会	2006年度から「県立学校生徒対象のセクシュアル・ハラスメントに係るアンケート調査」を実施（途中、実施していない年度もある）。

手間がかかりますが、防止に一役買っています。

■**教職員の研修等の充実**　日本教育学会の調査によると、「2015年時点で、13.9％の教育委員会でセクハラに関する研修を行っていない」というデータがあります。

そのような中でも、愛知県教育委員会では、初任者研修でコンプライアンスの大切さを説き、不適切な行為を防止するためのチェックリストを配布しました。東京都教育委員会では、「教職員の服務に関するガイドライン」を作成し、全教職員に配布しました。千葉県教育委員会は、全教職員の給与明細にわいせつ行為防止のメッ

愛知県教育 委員会	2017年4月、初任者研修で、コンプライアンスの大切さを説く。「児童生徒の身体に、不必要な接触をしない」など不適切な行為を防ぐためのチェックリストを配布。 ■不適切な行為を防ぐための主なチェックリスト □児童生徒の身体に、不必要に接触しない □児童生徒の携帯電話番号やメールアドレスは原則として取得しない。取得する場合は管理職の許可を得る □指導する時は一対一にならないように留意。 　一対一になる時は出入り口のドアを開ける □校外で私的に児童生徒と会わない □児童生徒を自家用車に乗せない
東京都教育 委員会	2017年5月、「教職員の服務に関するガイドライン」の作成。
千葉県教育 委員会	2017年7月から、全教職員の給与明細にわいせつ行為防止メッセージの印刷。

4章　スクール・セクハラを防ぐために　*133*

セージを印刷しました。セクハラ防止のために、実にさまざまな対策が行われています。

　セクハラを起こさない環境づくりがまさに大事であることがわかります。早めに「それはおかしくないですか？」という声を上げる必要があります。小さな芽から摘む意識が大切です。そのためには、「セクハラとは何か」「何がセクハラになるか」ということを知識として、皆が理解しておくことが必要です。

　教員も、セクハラを起こさないと肝に銘じることが必要です。何をやっても許されるという慢心が、セクハラを生み出す素地になります。当たり前のことではありますが、皆でよりよい社会を作るために他者の意見に耳を傾ける、そういう余裕がほしいところです。

■被害者救済システムの運用　　大阪府教育委員会では、2004年度から「被害者救済システム」を運用しています。

　埼玉県、神奈川県の相談窓口については前述しましたが、大阪府は、さらに充実しています。システムの概要図が示され、どのような流れで救済が進んでいくのかが明らかとなっています。

　前述のシミュレーションでは、どこに相談できるのかを追ってみました。セクハラの防止だけでなく、セクハラが起こった場合の対応は一大関心事です。安心して相談できる環境が整備されていない

大阪府教育委員会	2004年度から「被害者救済システム」を運用。被害にあった児童生徒やその保護者などからの相談を民間権利擁護機関（アドボカシーセンター）が受け付け、解決に向けて一貫した支援を行う。 電話相談窓口 子ども家庭相談室（公益社団法人・子ども情報研究センター）が支援を行う。 弁護士、学識経験者、精神科医等を委員とする評価委員会が、各教委や学校の対応について検証・評価・提言を行う。

と、児童生徒は声をあげることができません。

　一方で、それに対応する学校側も、道筋が見えないと、その場しのぎの対応になってしまいます。大阪府教育委員会では、セクシュアル・ハラスメント・ガイドラインのもと、学校の対応、教育委員会の対応が示されています。

■民間の支援団体　　民間でも、長年、セクハラの相談に尽力しているNPO法人があります。

　その代表を務める亀井さんの一言が印象に残ります。「被害を受けた子どもに『あなたは絶対に悪くない。信頼できる人や相談窓口に打ち明けて』と伝えたい」。

NPO法人 スクール・セクシュアル・ハラスメント防止全国ネットワーク 06-6995-1355 sshpzenkokunw2008@aroma.ocn.ne.jp 毎週火曜日、午前11時〜午後7時	スクール・セクシュアル・ハラスメント防止関東ネットワーク 03-5328-3260 sshp2015@able.ocn.ne.jp 毎週土曜日、午後2時〜午後7時

5章

スクール・セクハラはなぜ起きるか

(内海﨑貴子)

　スクール・セクハラは、なぜ起こるのでしょうか。私は、17年間、実習セクハラの調査研究に携わってきました。それらの研究結果から、スクール・セクハラが起こる背景は、次の3点にあると考えています。

①性別による差別、言い換えると、ジェンダー平等意識の低さ

②学校教育（制度）の中にある「教える者＝教員」と「教えられる者＝児童生徒」との権力関係に、「大人」と「子ども」との権力関係を加えた、二重の権力関係

③子どもの人権尊重、特に子どもの性的権利を尊重するという意識の欠如

　本章では、まず、スクール・セクハラと実習セクハラがどのような構造になっているかと、その類似点について整理します。次に、学校現場にあるさまざまな慣習や学習・生活環境が、スクール・セクハラを再生産していることを明らかにします。さらに、子どもの人権について説明し、スクール・セクハラは子どもの性的権利の侵害であることを述べます。最後に、スクール・セクハラ防止のための方策を提示したいと思います。

① スクール・セクハラと実習セクハラ

（1）スクール・セクハラ

　ここでは、あらためてスクール・セクハラについての基本的な考え方を確認しておきましょう。神奈川県教育委員会作成の教職員向け資料『STOP！ザ・スクール・セクハラ〜学校におけるセクハラをなくすために〜』（2011年3月）では、スクール・セクハラの定義を、「学校において、教職員が、児童・生徒や関係者を不快にさせる性的な言動を行うこと」としています。また、スクール・セクハラにかかわる人として、児童生徒の保護者や卒業生、教育実習生など、教員が職務上関係する人をあげています。ここでいわれている性的な言動については、前章までに述べてきたようにさまざまな形態があり、それらが児童生徒に与える影響は深刻であることがわかっています。

　また、千葉県教育委員会の「教職員と幼児・児童・生徒、保護者との間におけるセクシュアル・ハラスメント防止についての指針」では、スクール・セクハラについての基本的な考え方を以下のようにまとめています。

　　①教職員と幼児・児童・生徒（以下「児童生徒」という。）との間におけるセクシュアル・ハラスメント（以下「セクハラ」という。）については、大人と子ども、指導する側とされる側という関係のもと、児童生徒は拒否しがたく、逃れられない状況の下で発生することが多く、児童生徒の心に深い傷を与え、その後の成長に大きな影響を与えることになり、個人としての尊厳や人権を侵害するものである。

②教員と児童生徒との間におけるセクハラは、教員の児童生徒に対する人権意識が不十分なことや、性別により役割を分担すべきであるという固定的な意識を背景として起こる場合が多い。

③自らの言動がセクハラであることに気づいていない場合が多い。

④性に関する言動に対する受け止め方には、個人や性別で差があり、セクハラにあたるか否かについては、相手の受け止め方が重要である。

⑤教員と保護者との間においては、学校内ばかりでなく、学校外や勤務時間外での接触の中で、子どもの成績や進路をめぐってセクハラと訴えられる場合もある。

これらのことから、スクール・セクハラは、①児童生徒への人権侵害であること、②その背景には教員の人権意識の低さと性別役割分担意識があること、③セクハラ行為者にその認識がないことがわかります。

　スクール・セクハラは次の８つの型に分けることができます。それらは、①刑法の強制性交／わいせつ等に触れる行為に当たる犯罪型、②マッサージや指導方法として故意に身体に触れる身体接触型、③児童生徒に性的羞恥心を引き起こす懲罰型、④着替えをのぞく／水着姿や身体検査時にじっと見るなどの観賞型、⑤体型や容姿に関することをいう／いやらしい目で見るなどのからかい型、⑥修学旅行の持ち物検査／生理時かどうか確認するなどのプライバシー侵害型、⑦「男らしさ」「女らしさ」を強要するジェンダー型、⑧メールや LINE で性的な言葉や画像を送るなどの SNS 活用型の８つです。

　スクール・セクハラは、学校という教育の場で起こるので、労働

の場でのセクハラとは異なる側面を持っています。千葉県教育委員会がまとめているように、スクール・セクハラは、「大人と子ども、指導する側とされる側という関係のもと、児童生徒は拒否しがたく、逃れられない状況の下で発生する」ものです。学校における教員と児童生徒との関係には、「教える（評価する）ー教えられる（評価される）」と「大人ー子ども」という二重の権力関係が存在します。教員が持っている児童生徒に対する権限——指導するものとされるものという権力関係——は絶大です。この権限は、教員が意識しているかどうかにかかわらず、制度的に教員が持っている力です。

　図5-1は、「スクール・セクハラの構造図」です。黒い矢印は「指導」、白い矢印は「セクハラ」を示しています。教員から児童生徒への「指導」が、セクハラと同じ方向の矢印であることがわかると

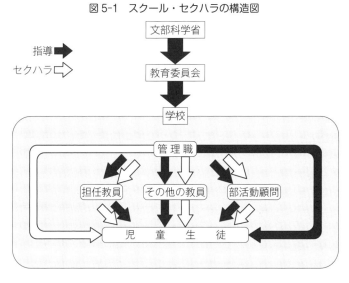

図5-1　スクール・セクハラの構造図

5章　スクール・セクハラはなぜ起きるか

思います。学校教育現場には、このような見えない指導－被指導の関係が存在します。このような関係は、一方が圧倒的な力や権限を持っている場合、上下関係、すなわち、権力関係となります。

これに加えて、学校教育制度は、「教員はセクハラなどの誤った言動は行わないはずである」という前提で成り立っています。この前提が、「大人である教員は子どもである児童生徒に対して誤った言動を行わないはずである」という思い込みを生じさせます。一般に、大人は子どもより多くの知識や技能、情報や経験を持っていると思われていますから、大人である教員はさらに大きな力を持つことになり、「大人－子ども」という権力関係を強化／徹底化することになります。

次に述べる実習セクハラの場合、実習生は「子ども」ではありませんが、教員にとっては「かつての教え子」であることから、簡単に「子ども」と同じような存在へと転換してしまいがちです。したがって、スクール・セクハラの構造は、そのまま実習セクハラにも当てはまるといえます。

(2) スクール・セクハラとしての実習セクハラ

セクハラは、地位の上下、権限の有無などの権力関係を利用して行われる人権侵害行為です。教育実習生は、実習校で指導を受ける教員との関係で見ると、「教育実習の評価を受ける」という立場であり、明らかに劣位に置かれます。また、学校長や教頭などの管理職やほかの教員との関係においても、実習生は指導の対象であることに変わりはありません。実習セクハラは、指導教員や管理職、その他の教員と実習生という権力関係の中で起こっており、その意味では、一般のセクハラやスクール・セクハラと同じ構造を持ってい

ます。

　教育実習を母校で行う母校実習の場合、実習先に、実習生の在学中に直接的／間接的に指導を受けた教員が在職していることもあります。その場合、「指導教員－実習生」という関係でありながら、在学中の「教員－児童生徒」の関係を再現し、継続してしまうことがあります。たとえば、指導教員が、実習生は「卒業生／教え子」であるという意識を持つことにより、実習生に対して、在学中の「教員－児童生徒」関係を再現・維持しようとします。実習生自身も、指導教員は恩師であるという意識から、そのような関係を肯定的に受け止める傾向があります。その結果、実習生は「かつての児童生徒」となり、スクール・セクハラの背景となる権力関係を作ってしまい、実習セクハラが起こることになります。つまり、実習セクハラはスクール・セクハラの一つの形態と考えられます。

　次の「実習セクハラの構図」（図5-2）を見てください。学生でも

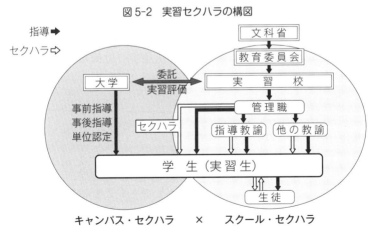

図5-2　実習セクハラの構図

出所：清水康幸ほか（2006）。

ある実習生の位置が大学と実習校にわたり、複雑な関係で指導を受けていることがわかります。実習生は、学校長や教頭などの管理職、指導教員やその他の教員から実習指導を受けますが、同時にセクハラも受けることがあります。このように、実習生が置かれている「指導する－指導される」関係は、複雑かつ強力です。そのため、実習生がセクハラを認識したとしても、声を上げることは難しくなります。

　スクール・セクハラがなかなか表面化しない理由の一つに、被害者が児童生徒だということがあげられます。発達過程にある児童生徒は、セクハラについての正しい情報を得ることが難しいため、自分の被害を認識すること、被害について言語化することが容易ではありません。さらに、何度も指摘しているように、学校教育の場には、教員（大人）－児童生徒（子ども）／教える－教えられるという権力関係が存在します。それゆえ、児童生徒がスクール・セクハラ被害を認識したとしても、それを訴えることは、ほぼ不可能に近いといっても過言ではないでしょう。

②　スクール・セクハラを再生産する学校教育現場

（1）低い加害（者）意識
——慣習として指導方法化するスクール・セクハラ

　スクール・セクハラの加害者は、自分の言動がセクハラであることに気づいていません。身体接触によるセクハラについても、加害者は、教科の指導方法として有効／必要であると考えています。そのため、児童生徒の了解を得ずに、一方的に身体に接触しても何とも思わないことが多いのです。調査の中で、ある実習生は、「生徒

指導に当たって、生徒の肩などに触れることは、生徒を素直にいうことをきかせて意欲を出させるのに効果的であると女性塾講師がいっていました。そうして実践しました。プラスの効果があったと思います」と回答しています。この意識は、「スキンシップは、児童生徒指導に有効」という考え方です。そこには、接触される側の児童生徒がどのように感じるか、もしかしたら嫌かもしれない、という児童生徒の思いや感じ方への配慮は見られません。

　学校教育の場では、セクハラが学習指導／懲罰の方法とすり替え／言い換えられる傾向があります。たとえば、体育の授業の際に意図的に児童生徒の身体を触る、教科指導の際に子どもの鉛筆を持つふりをして手を握る、宿題を忘れた罰として男児の上半身を裸にするなどがあげられます。これらは、すべてスクール・セクハラの事例ですが、多くの加害教員は、これらの行為を「指導の一環」「スキンシップ」と言い換えています。このような行為を指導／懲罰の方法であると言い換えられるのは、学校の中に、セクハラになるかもしれない言動が指導方法として活用できるという感覚・意識が存在するからです。

　また、別の実習生は、「生徒のからかい、性的な質問は、子どもが相手のことなので軽く受け流す程度でよい」といっています。このような場合、教員は、性的な質問がセクハラに当たることを児童生徒に教えなければなりません。にもかかわらず、この実習生は、児童生徒からの「性的な質問」＝セクハラを受け流すことが教員の力量であるととらえています。さらに、セクハラは、「生徒をかまってやる」、すなわち、コミュニケーションの一つであると考える実習生もいます。この実習生は、セクハラ防止について「セクハラ防止は、生徒を無視したり、かまってやらないこと。けれど、それを

5章　スクール・セクハラはなぜ起きるか　143

すると生徒とかかわれないので実習の意味がない」と回答しており、セクハラに当たる言動が児童生徒とのコミュニケーションの手段として有効であると考えています。

　これらのことから、教員や実習生のスクール・セクハラに対する認識の低さ、加害（者）意識の低さがわかります。つまり、学校現場には、身体接触は指導方法の一つであり、性的なからかいも児童あるいは生徒指導のスキルの一つだ、という考え方がいまだになくならないということです。そのため、スクール・セクハラになる可能性の高い身体接触やジェンダー・ハラスメントに当たるような言動が、学校現場の習慣や慣行として無意識に、意図することなく使われているのです。

　したがって、これらの言動を行っている当事者は、自身の言動をセクハラと思っていませんし、思えません。それらはセクハラではなく、むしろ教員の力量や指導力を示すもの、ととらえるような雰囲気が学校現場にはあります。このようにセクハラを温存するような学校環境では、そこで日常生活を送っている児童生徒も、被害者だけではなく、加害者にもなっていく可能性は高いでしょう。

　2011年度に実施した別の調査では、中学校の実習で、女子実習生がクラスの男子生徒にスカートを触られたことを大学の教職担当教員に報告したという事例がありました。大学の担当教員は、彼女から「子どもの悪ふざけであると考え、不快な気分になったが、どうでもよい」という意思が示されたので、本人の同意のもと、大学内の記録にとどめ、実習校へ抗議するなどの対応は行わなかったということです。この事例の場合、実習生は無理だとしても、担任の教員は、男子生徒に対して「あなたの行為は、セクハラに当たる」と教えられるよい機会になったのですが、そういう指導は行われて

いません。それどころか、実習生も「子どもの悪ふざけだから仕方がない」というように思ってしまっています。

　ほかにも、中学生の男子生徒から、「いやらしい性的な内容の言葉を投げかけられる」という実習セクハラが起こっています。これは教室でのセクハラですが、実習生は「セクハラだけど生徒指導の範囲なので、生徒の扱いに配慮しつつ独自に対処した」といいます。このような児童生徒からのセクハラや実習生の感覚は、学校現場の雰囲気／セクハラ容認体質の反映ともいえます。それは、次項で述べるジェンダー・ハラスメントの背景とも重なります。

(2) ジェンダー平等意識の低さ——性差別

　スクール・セクハラは性差別、ジェンダー不平等から起きるといわれます。1章・2章で指摘されているように、実習セクハラ調査によると、ジェンダー・ハラスメントが増加傾向にあります。ジェンダー・ハラスメントが起こる背景は何でしょうか。それは、端的にいえば、学校現場に浸透している性別役割分担（意識）とジェンダーに基づく隠れたカリキュラム、すなわち、ジェンダー平等意識の低さ（性差別）です。

■学校教育現場の性別役割　　学校教育の場は、男女平等が最も進んだ領域といわれます。内閣府の「男女共同参画に関する世論調査」（2016年）でも、「各分野の男女の地位の平等感」という項目で「学校教育の場における男女の地位の平等感」が66.4％と最も高くなっています。ちなみに、他の分野において男女平等と答えた割合は、家庭生活47.4％、職場29.7％、政治18.9％、法律や制度40.8％、社会通念・慣習・しきたり21.8％、自治会やPTA47.2％です。

　しかし、学校教員の世界では、男女（ジェンダー）平等が実現さ

5章　スクール・セクハラはなぜ起きるか　　145

れているとはいえません。たとえば、文部科学省の「学校基本調査（平成30年度）」によると、女性教員の割合は幼稚園93.5％、小学校62.2％、中学校43.3％、義務教育学校53.6％、高等学校32.1％となっており、男女（ジェンダー）による不均衡が起きていることがわかります。

この傾向は、学校管理職にも顕著です。どの学校種でも女性教員は一定数の割合で働いていますが、女性校長の割合を見てみると小学校19.4％、中学校6.6％、高等学校7.5％と低い割合になっています（2017年4月1日現在）。文部科学省「平成28年度公立学校教職員の人事行政状況調査について（概要）」によれば、女性管理職（校長、副校長、および教頭）の割合も、16.7％にとどまっています（図5-3）。

教育社会学の研究によれば、女性管理職が少ない原因は、女性教員が働き続けたり、学校管理職に向けてキャリアを形成したりする機会を奪われてきたことにあるといいます。学校慣習の中には、夫が学校長になった場合妻は管理職に就かないというように、夫妻で管理職に就くのを避けるようなことがあります。また、管理職登用の条件の中には、明文化されない暗黙の了解事項として、学校に長く滞在することが求められる学年主任を務めること、休日出勤が当然とされる部活動指導の経験があることなどがあります。このような条件があるため、家庭責任を担っている多くの女性教員は、結果的に、管理職として昇進する機会＝キャリア形成の機会を得ることが難しくなります。

さらに、教員の仕事と子育ての両立についても見てみましょう。教員の育児休業取得率は女性教員96.6％、男性教員1.9％です（表5-1）。これは、民間企業の男性の育児休暇取得率3.16％よりも低い

図 5-3 職種別の女性管理職の人数と割合

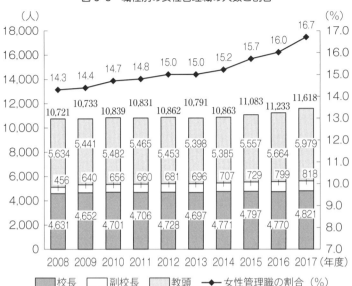

出所：文部科学省「平成28年度公立学校教職員の人事行政状況調査について」（2017年12月27日）（http://www.mext.go.jp/a_menu/shotou/jinji/1399577.htm）。

ことになります。その背景には、男性教員が育児にかかわるさまざまな制度（男女ともに取得できる育児休業、3歳未満の子どもを養育している場合の短時間勤務制度、子どもの看護休暇取得など）を知らないこと、職場優先の環境や固定的な性別役割分担（意識）、教員の超過勤務状況がきわめて厳しいことなどがあげられます。以下は、ある教員研修での40代前半男性教員の発言です。

「教務主任と生徒指導、部活の指導もしていますので、とにかく忙しいです。やりがいもありますが、帰宅が10時すぎることは

表 5-1　育児休業等を取得可能となった職員の取得状況（2016 年度）

（単位：人）

区分	教育職員			（参考）地方公務員の状況 （2015 年度）		
	男性職員	女性職員	合計	男性職員	女性職員	合計
新たに取得可能となった者	14,471	17,586	32,057	58,150	40,772	98,992
育児休業	272 （1.9%）	16,986 （96.6%）	17,258 （53.8%）	1,268 （2.2%）	37,999 （93.2%）	39,267 （39.7%）
育児短時間勤務	5 （0.003%）	254 （1.4%）	259 （0.8%）	40 （0.07%）	545 （1.3%）	585 （0.6%）
部分休業	21 （0.1%）	269 （1.5%）	290 （0.9%）	112 （0.2%）	1,798 （4.4%）	1,910 （1.9%）

注 1 ：（　）は、新たに取得可能となった者に対する取得者の割合を示す。
　　2 ：育児短時間勤務は、任命権者の承認を受けて、小学校就学の始期に達するまでの子を養育するため、①1 日当たり 3 時間 55 分勤務、②1 日当たり 4 時間 55 分勤務、③週 3 日勤務、④週 2 日と 1 日のみ 3 時間 55 分勤務、⑤その他条例で定める勤務形態、を選択して勤務することができる制度。
　　3 ：部分休業は、任命権者の承認を受けて、小学校就学の始期に達するまでの子を養育するため、1 日当たり 2 時間まで勤務しないことができる制度。
出所：図 5-3 に同じ。

ざらですから、子育ても家事も妻に任せきりです。子どもが思春期なので、妻は大変だと思います。子育ても含めて妻と話す時間がほしいのですが……。男女共同参画といわれても、男性教師の長時間労働が変わらない限り、我が家での実現は難しいです。女性の先生は仕事と家庭を両立していてすごいな、と思う半面、生徒指導や進路指導、教務主任などの時間が決まっていない、責任の重い仕事には就かない。管理職も少ない。やっぱり、校長と言ったら男性ですよね。学校の先生方の中にも、女性の先生には家庭があるから……という雰囲気があります」

教員の発言からわかることは、性別による校務の割り当て、校長などの管理職は男性という学校現場での性別による役割分担の実態です。そこには、男性教員は職場（仕事）中心、女性教員は家庭（子育て・介護）中心という、学校現場の固定的な性別役割分担（意識）が見られます。

■**隠れたカリキュラムとしてのジェンダー**　この「男性は仕事、女性は家庭」という性別役割分担（意識）は、ジェンダーに基づくものです。一般に、生物学的性別をセックス（sex）、社会的文化的性別をジェンダーといいます。前者は、「身長は男子が高く、女子は低い」「子どもを産むのは男ではなく、女である」というように、生物学的性別による差異を示す場合に用いられます。後者は、「男子はズボン、女子はスカート」「男は泣かない」「女子は足を広げて座らない」などの性別に基づいた外見や言動、「力仕事は男子、細かな仕事は女子」「応援団長は男子、救護係は女子」などの性別役割分担に見られるような、性別を根拠として社会が個人に期待する行動パターンや、「～すべき／～すべきでない」という規範として示されます。

　いうまでもなく、生物学的性別は性別役割（性役割）の正当な根拠とはなりません。たとえば、身長は「男子が高く、女子は低い」といわれますが、正確には「男子集団の平均値が高く、女子集団の平均値が低い」ということであって、男子がすべての女子よりも背が高いわけではありません。したがって、常に力仕事は男子、細かい仕事は女子が行わなければならないわけではありません。また、子どもを産むのは女性ですが、哺乳も含めて育児は誰でもできます。ですから、育児は女性（母親）にしかできない、あるいは女性に適したものであるとはいえません。なお、育児は学習行動とされてい

5章　スクール・セクハラはなぜ起きるか　*149*

ます。

　ジェンダーは、誕生直後から家庭、学校、地域社会などを通して個人の中に形成されます。その意味で、学校教育はジェンダーを繰り返し生産する場です。ジェンダーは、学校慣習や教員の無意識・無意図的言動などの隠れたカリキュラム——男女別男子優先名簿や女子のスカート制服、理系男子・文系女子という進路指導など——を通して、児童生徒の人間形成に大きく影響します。

　隠れたカリキュラムとは、「チャイムが鳴ったら着席する」「授業中は静かに先生の話を聞く」など、児童生徒が学校や学級生活に適応する過程で、結果的に体得している価値、態度および社会規範などの主として行動様式に関する知識と技能のことです。教科や学校行事など、時間割に掲示されている目に見えるカリキュラムに対して、目に見えない（隠れている）カリキュラムとして、学校での児童生徒の生活や学習活動に大きく作用します。

　ジェンダーにかかわる隠れたカリキュラムの例をあげてみます。進路指導において、男子生徒が保育士や看護師などの女性職（女性に適したと思われている、あるいは女性が多い職業）を希望した場合、教員が「男子なのに大丈夫か？」と思わず発言してしまうことがあります。保育士や看護師には資格が必要であり、資格取得は性別にかかわらず可能ですから、条件さえ満たせば男性も保育士や看護師になれます。にもかかわらず、前述のような発言をしてしまうのは、教員にジェンダー・バイアス（ジェンダーに基づいた偏見）があるからです。

　また、四年制大学への進学率を見てみると、男子 55.9％、女子 49.1％と男子が 6.8％ポイント高いことがわかります（「内閣府男女共同参画白書（概要版）（平成 30 年版）」2018 年）。それだけでなく、

女子は家政・教育・薬学・看護、男子は工学・理学というように専攻分野に男女差が見られます。この現象はジェンダー・トラック（ジェンダーによるコース分け）といわれます。これは、女子の進路選択には性役割観、すなわちジェンダー要因が作用することにより、女子が自分の学力水準に基づいた進路選択をしていないということを表しています。制度上は、男女の区別なく進路選択が可能であるにもかかわらず、男女間での差が生じるのです。

　以上のような学校慣習や教員の言動には、ジェンダー・バイアスに基づくものが多く、それらは隠れたカリキュラムとして、日常の学校教育活動や児童生徒の人格形成に大きく影響します。また、ジェンダー・バイアスは性差別を再生産しています。次項で述べるように、ジェンダー・バイアスによる教員の言動は、ジェンダー・ハラスメントだけでなく、さまざまなスクール・セクハラ、マイノリティへのハラスメントの背景になっています。

(3) ジェンダー・セクシュアリティの不可視化

　実習セクハラの調査から学校教育現場を見ると、前述した「セクハラに対する認識の低さ」とともに、「児童生徒は学校で、性（セックス・ジェンダー・セクシュアリティ）について教えられていないし、学んでいないのではないか」という疑問が湧きます。ここでは、はじめに、ジェンダーとセクシュアリティについて整理します。その後で、それらが不可視化されることで起こるスクール・セクハラについて述べていきます。

■ジェンダーとセクシュアリティ　　これまで述べたように、ジェンダーは、社会的文化的性別として人々の中に形成されますが、近年、「性」は以下のように、「性の三要素」と「社会的な性＝ジェン

ダー」という視点で考えられています。

【性の三要素】

1. 生物学的性別（Sex）⇒<u>体の性</u>

2. 自分が認識している性別＝性自認（Gender Identity）⇒<u>心の性</u>

3. 性的指向（Sexual Orientation）⇒愛情・恋愛感情や性的欲望の対象がどの性別に向いているか<u>性的な関心の対象</u>

【社会的な性】

社会的文化的性別（Gender）⇒社会的な性役割（Gender Role）、性表現（Gender Expression）、<u>男らしさ・女らしさ、性（別）に基づいた外見・言動</u>

まず、「性」の三要素について見ていきます。体の性は、生物学的な性別のオス／メスのことで、性器のあり方の違いなど身体的特徴によってある程度客観的に判断されますが、後述するように、生物学的な性もさまざまです。性自認は、「私は女または男である」というような、内面的・個人的な性への認識ですが、「わからない」「どちらでもない」「決めたくない」という認識もあります。性自認は、人が自分の意思で変えることは困難ですし、医学的治療によって変えることもできません。性的指向は、後述するセクシュアリティの一部であり、個人によって異なり、容易に変えられません。

これらの「性の三要素」という考え方は、学校教育において重要な視点となります。たとえば、生物学的性別と性自認が一致せず、生きることに困難を抱えている性同一性障害の児童生徒、性的指向が社会の多数派とは異なっているセクシュアル・マイノリティの児

童生徒は、クラスに1〜2人はいるといわれます。現在、学校では、そのような児童生徒への対応が十分なされているとはいえず、いじめ、不登校、抑うつ、自傷、自殺願望などが深刻な問題になっています。

次に、セクシュアリティについて整理します。WHOでは、セクシュアリティを以下のように定義しています。

「セクシュアリティ（性）は、生涯を通じて人間であることの中心的側面をなし、セックス（生物学的性）、ジェンダー・アイデンティティ（性自認）とジェンダー・ロール（性役割）、性的指向、エロティシズム、喜び、親密さ、生殖がそこに含まれる。セクシュアリティは、思考、幻想、欲望、信念、態度、価値観、行動、実践、役割、および人間関係を通じて経験され、表現されるものである。セクシュアリティはこうした次元のすべてを含みうるが、必ずしもすべてが経験・表現されるわけではない。セクシュアリティは、生物学的、心理的、社会的、経済的、政治的、文化的、法的、歴史的、宗教的、およびスピリチュアルな要因の相互作用に影響される。セクシュアリティは、喜びとウェルビーイング（良好な状態・幸福・安寧・福祉）の源であり、全体的な充足感と満足感に寄与するものである」

また、1999年、第14回世界性科学学会において採択された「性の権利宣言」によれば、セクシュアリティは次のように述べられています。

「セクシュアリティとは、人間ひとりひとりの人格に不可欠な要

素である。セクシュアリティが充分に発達するためには、触れ合うことへの欲求、親密さ、情緒的表現、喜び、優しさ、愛など、人間にとって基本的なニーズが満たされる必要がある。セクシュアリティとは、個人と社会構造の相互作用を通して築かれる。セクシュアリティの完全なる発達は、個人の対人間関係の、その社会生活上の幸福に必要不可欠なものである」（下線は引用者）

　下線部を見てみると、人間が社会の中で、いろいろな人とつながりながら生きていることがわかります。セクシュアリティにかかわることも、他者との関係の中で築かれていくのです。したがって、セクシュアリティの形成にかかわって、学校教育の果たす役割は大きいといえるでしょう。
　さらに、ユネスコ編『国際セクシュアリティ教育ガイダンス』によると、セクシュアリティは、身体的、心理的、精神的、社会的、経済的、政治的、文化的な側面を持つ人間の生涯にわたる基本的な要素であり、ジェンダーと深く関連し、多様性を基本とするものである、とされています。
　国際的には、性的存在としての人は「性的指向」（Sexual Orientation　SOと略記）と「性自認」（Gender Identity　GIと略記）の両方の視点を組み合わせた「SOGI」という枠組みでとらえられています。たとえば、国連人権理事会は、2016年、「性的指向と性自認を理由とする暴力と差別からの保護」に関する決議を可決しています。
　「SOGI」という視点から人間の性を見ていくと、SOの枠組みでは、人は性的指向が異性に向いている異性愛（ヘテロセクシュアル het-erosexual）、性的指向が同性に向いている同性愛（ホモセクシュアル

homosexual)、性的指向が同性にも異性にも向いている／相手の性別にこだわらない両性愛（バイセクシュアル bisexual）、性愛の対象を持たない／性的欲求そのものがない（アセクシュアル Asexual）などとなります。なお、WHO は、ヘテロセクシュアル以外の性的指向を疾患とみなしていませんから、医学的処置は必要ありません。

　一方、GI の枠組みでは、生まれながらの身体の性別や法的な性別（日本の場合、戸籍上の性別を指す）とは異なる性別を自認している性別越境（者）（トランスジェンダー transgender）、身体的／法的性別と性自認がほぼ一致している性別適応（シスジェンダー cisgender)、特定の枠に属さない／典型的な男性または女性ではないと感じているクエスチョニング（questioning）という人々が存在しています。トランスジェンダーについては、テレビドラマで取り上げられたこともあり、「トランスジェンダー＝性同一性障害（Gender Identity Disorder)」ととらえられがちですが、GID は医学的疾患名であり、トランスジェンダーの中の一部の人々を指しています。また、2013 年、アメリカ精神医学会による診断基準 DSM-5（第 5 版）から GID はなくなり、性別違和（Gender Dysphoria）に変更されています。

　このように、SOGI の枠組みから人の性をとらえると、人の性のあり方はさまざまであることがわかります。現在、国際的には、個人の性は、その個人の「性自認」をもってその人の「性」とすることになっています。ですから、外見から個人の「性」を判断することは難しいといえます。

　現在、ジェンダーは生物学的性別、性自認、社会的な性役割・性表現に加え、セクシュアリティを含む幅広い概念と考えられています。したがって、スクール・セクハラの一つであるジェンダー・ハ

5 章　スクール・セクハラはなぜ起きるか　　*155*

ラスメントには、「性的指向、性自認」にかかわるハラスメントが含まれることになります。2016年には、「人事院規則10-10（セクシュアル・ハラスメントの防止等）の運用について」において、「性的な言動」の中に、「性的指向若しくは性自認に関する偏見に基づく言動」が追加されたこともあり、「性的指向、性自認にかかわるハラスメント」を「SOGIハラ」ととらえる考え方も出てきています。

■学校の中で"見えない"ジェンダーとセクシュアリティ　それでは、学校現場のジェンダーとセクシュアリティは、どのようになっているのでしょうか。私は数年前まで、幼稚園教諭・保育士（以下、保育者）養成に携わっていましたので、幼稚園や保育所の例を見てみます。読者の皆さんは意外に思われるかもしれませんが、幼稚園や保育所（以下、保育現場）には、セクシュアリティについて学ばせるチャンスが、実はたくさんあります。たとえば、排泄の仕方や衣服の着脱について、保育者は「男の子はこう、女の子はこうよ」と男児女児で分けて教えています。その際、保育者が園児に、性別にかかわる生物学的な知識を教えることはありません。つまり、排泄の仕方が男女でなぜ違うのか、それはどうしてなのか、ということまでは教えません。性自認は4〜5歳頃に定着していくのですが、セクシュアリティにかかわる生物学的な知識の大事なところには触れませんし、教えません。先に述べたトランスジェンダーの園児の中には、小学校入学前に自分の性自認に違和感を持つ子どもがいます。保育者は、そのような園児を「女の子のような男児、男の子のような女児」「グレーゾーン」として認識することが多く、取り立てて対応することはありません。

　一方で、「男の子らしく、女の子らしく」というジェンダーは、有効な保育のストラテジー（保育の目標を達成するための総合的な保

育の計画と方法）として、現場では多用されます。日常の保育現場では、園児を把握するときも「はい！ 男の子こっち、女の子こっち」というように、男女で分けています。以下に紹介する事例は、保育のストラテジーとして活用されたジェンダーが、園児に浸透した結果を表しています。

　A幼稚園では、トイレのスリッパを男の子用はブルー、女の子用はピンクと分けています。ある時、園庭で遊んでいた4歳の男児が急いでトイレに行ったら、たまたまブルーのスリッパが一足もなく、ピンクのスリッパしかありませんでした。すると、その男の子はトイレに入りません。我慢して漏れそうになっていても、トイレに入りません。見かねた保育者が、「こっちの、ピンクのスリッパでもいいからはいて、早くトイレに行きなさい」といっても、男児は「ダメ、これは女の子のだから、僕ははけないの」といって、おもらししてしまいました。

　このような排泄にかかわる緊急事態であっても、この男児は「男の子はブルーのスリッパ」というジェンダー・バイアスから抜けられないのです。すでに4、5歳の段階で、ジェンダーの縛りが園児にきっちりと形成されている、という事例です。

　次に、実習生が性的なからかいの対象とされたセクハラを考えてみます。実習中、生徒から「先生、恋人いるの？ もう経験した？」など、個人的な性関係についてしつこく質問された男子学生は、「回答に困った。冗談で返したり、はぐらかしたりしたが、連日だったので辟易した。生徒は親しみを込めて質問したのかもしれないが、複数の生徒から、集団で問いかけられ、非常に嫌な思いをした」と

5章　スクール・セクハラはなぜ起きるか　　157

いいます。

　この背景には、児童生徒の人権感覚——性やセクシュアリティにかかわる人権感覚——の希薄さがあります。たとえば、いじめの方法として用いられているものの中に、性、とりわけ、セクシュアリティにかかわるものがあります。「オカマ」「ホモ」「レズ」などのセクシュアル・マイノリティに対する差別的な発言が、クラス全体の笑いを誘うための方法として活用されるのです。このような発言は、小学校や中学校でもかなり頻繁に使われています。小中学校では、一人ひとりの性のありようやその違いを学習し、それらを尊重することが重要だと思われますが、実際はそうではありません。現在の小中学校では、セクシュアリティどころか、セックスやジェンダーについて、体系的に正しい知識や情報を得る機会がないのではないかと思われます。とすれば、児童生徒が「セクハラ＝性暴力＝人権侵害」という人権感覚を獲得することは難しいでしょう。

　しかしながら、セクシュアリティにかかわる人権感覚の低さは、児童生徒に限ったことではありません。以下の、実習生が見聞した実習校でのセクハラ事例から、教員にも人権感覚の低さがあることがわかります。

・実習生の女の子全員、彼氏がいるか聞かれて、いない子は独身の先生にどう思うかたずねていた。
・担当教員Ｈ先生（男）が女子生徒に対して、明らかに必要がないのに姓ではなく名前で呼び、その女子生徒が嫌がっているのに、その教員の持つ高圧的な雰囲気のために、それが嫌だと言えずにいる。呼び方は、恋人が名前を呼ぶ時のまさにそれ。
・実習中、ある男性教員が「彼氏はおるか」「結婚はいつするんや」

「子どもは早く産め」など、私や他の実習生にしつこくいって
いた。
・水泳の授業の時、先生が私に胸のことをいってきた（大きさ等
について）。
・「胸を触らせてくれ」などの発言をされた。

　上記の例に見られるようなジェンダー・セクシュアリティにかか
わる人権感覚の低さが、スクール・セクハラを誘発／温存している
のではないでしょうか。言い換えれば、このような学校環境にあっ
ては、児童生徒に他者のセクシュアリティを尊重する人権感覚、ジェ
ンダー平等意識を育成することは難しいのです。
　私が勤務先の大学で担当している授業「女性学」では、2002 年
度から「女性への暴力」として「性暴力」を取り上げています。以
下は、2012 年度に受講した学生の最終レポートに記載されていた、
「私たちは性暴力について学んでいない、早い時期にきちんと教え
てほしい」という提言です。

　「性暴力を減らすには、まず、考え方がやわらかいうちに被害の
むごさを教えなければならないと私は思っている。小学生には刺
激が強すぎるかもしれないが、私の世代ですら、小学校 4・5 年
生のころには、いらない単語（性暴力に関係する単語のことと思わ
れる：引用者注）を覚えてしまっていた。好奇心で、性行為をし
たがる男の子だっていたはずだ。それで、「14 歳の母」*という
ドラマが生まれるほどに、中学で意図せず子どもができてしまう
のだ。ならば、早い段階に「性行為の怖さ」を学び、対処してい
くべきではないかと私は思う。高校から、すこーし細かいことを

5 章　スクール・セクハラはなぜ起きるか　　159

やっただけじゃ遅すぎるのだ」

　＊「14歳の母」2006年10月11日〜12月20日、毎週水曜日、日本
テレビ系列で放映。「ギャラクシー賞2006年12月度月間賞」「第44
回ギャラクシー賞」（民放ドラマで唯一の入賞）、「平成19年日本民
間放送連盟賞（最優秀）」受賞作品。私立中学校2年生の女子生徒（14
歳）が妊娠、父親は中学3年生の男子生徒（15歳）。一度は中絶を
決心するが、出産を決意。周囲の家族や友人の支えで、出産に至り、
成長していく様子を描いている。

　この学生は、大学に入ってはじめて「性暴力とは何か」を学習し
ました。本来は、幼稚園のときから教えられていいはずのことを私
たちは何も教えられていない、という趣旨の発言です。

　すでに述べた「加害意識の低さ＝慣習として指導方法化するセク
ハラ」と「性について教えていない／学んでいない＝ジェンダー・
セクシュアリティの不可視化」は、表裏一体の関係にあります。ジェ
ンダー・セクシュアリティが不可視化された学校現場では、児童生
徒へのセクハラは学習の指導法や生徒指導として、あるいは、コミュ
ニケーションの手段として容易に慣習化します。

　学校では、保健体育科での学習を含め、性教育は行われているは
ずです。にもかかわらず、なぜ、ジェンダー・セクシュアリティは
見えないのでしょうか。その原因は、セクシュアリティが学校教育
の中で排除／隠蔽されていることにあると考えられます。2000年
前後の性教育バッシングにより、学校現場で性教育の授業実践が困
難になっています。文部科学省の性教育に対する姿勢も、きわめて
消極的であるといわれます。

　『国際セクシュアリティ教育ガイダンス』によれば、日本の学習
指導要領の枠組みの中で性教育（セクシュアリティにかかわる包括的
な教育）の可能性を考えた場合、その教育課題として、①園児児童

生徒が人間のことを科学的に学習できていないこと、②セクシュア
リティにかかわる教育の中に人権の学習が決定的に欠落しているこ
と、③「性の健康」を含む「健康」が人権として認識されていない
こと、の3点をあげています。

　ジェンダーについては、社会科や家庭科などの教科学習という形
で、学校教育の中である程度見えるようになってきました。一方、
セクシュアリティにかかわることは、教科（保健体育）や生徒指導
の領域（性に関する課題）として、まれに取り上げられるだけです。
セックスやジェンダーの学習は、ある程度可視化される／できるよ
うにはなっていますが、学校教育におけるジェンダー再生産の根幹
であるセクシュアリティについては、学習課題としても日常的な認
識としても、いまだに隠蔽／排除されたままなのではないでしょう
か。

③　スクール・セクハラは子どもの人権（性的権利）の侵害

(1) 人　　　権

　この節では、子どもの人権（性的権利）の視点から、スクール・
セクハラの背景を考えます。そこで、まずは人権について基本的な
ことを確認しておきたいと思います。

　人権とは「人が生まれながらに持っている必要不可欠な様々な権
利」であり、「人々が生存と自由を確保し、それぞれの幸福を追求
する権利」（人権擁護推進審議会答申、1999年）です。また、「人権教
育・啓発に関する基本計画」（2002年）では、人権を「人間の尊厳
に基づいて各人が持っている固有の権利であり、社会を構成する全
ての人々が個人としての生存と自由を確保し社会において幸福な生

5章　スクール・セクハラはなぜ起きるか　　*161*

コラム〈セクシュアル・マイノリティへのスクール・セクハラ〉

　皆さんは、LGBTという言葉を聞いたことがあるでしょうか。LGBTとは、レズビアン（Lesbian 女性同性愛者）、ゲイ（Gay 男性同性愛者）、バイセクシュアル（Bisexual 両性愛者）、トランスジェンダー（Transgender 性別越境者）というセクシュアル・マイノリティ（性的マイノリティ、性的少数者）の代表的な人々をさす言葉です。ですから、セクシュアル・マイノリティといわれる人々は、LGBTのほかにもいます。また、誰がセクシュアル・マイノリティなのかは、外側から明確に見分けることはできません。

　このような児童生徒は、学校生活の中でさまざまな困難を抱えています。「LGBTの学校生活に関する調査」（2014年）によると、LGBTについての不快な冗談やからかいを見聞した児童生徒は84%、実際にいじめや暴力を経験した児童生徒は68%となっています。特に、トランスジェンダー男子の場合、82%がいじめや暴力を経験していますし、そのうちの23%は性的暴力を受けています。

　以下に、セクシュアル・マイノリティの児童生徒が学校生活の中で経験したスクール・セクハラの例をあげました。（　）内は回答者のセクシュアリティです。

・事あるごとに男子全体に向けて「女の子のことばっかり考えていたらアカンで〜」という先生がいた（ゲイ）
・授業の家庭科で、女子が男子にクッキーをつくるというイベントがあり、気持ち悪かった（バイセクシュアル）
・「ゲイが大嫌いだ」といっている先生がいた（レズビアン）
・男どうしで仲良くしていたら、先生から「そんなことをしたらホモになるぞ」と言われた（ゲイ）
・「おとこおんなとからかわれたことがあった。保健の授業で担任の先生が同性愛について笑っていた」（トランスジェンダー）
・小学校で「中性」とからかわれるのがつらかった（レズビアン）
・小中学校の時にオカマとからかわれたり、裏でそう言われていた。通信簿に「もっと男の子（同性）と遊ぶように」と書かれた（ゲイ）
・水着や制服、男女別の授業、「女らしくしろ」と言われることが嫌だった（トランスジェンダー）

・女子の制服から男子の制服に変えたいと先生に話をしたとき、「勘違いなんじゃない？ そういう"趣味"でルール違反しないで」と否定的な対応を受けた（トランスジェンダー）

これらのセクハラ（ジェンダー・ハラスメント）は、セクシュアル・マイノリティに対する誤った認識に基づくもの、異性愛を前提とするもの、男女別を当然／自然とするものなどです。

スクール・セクハラの一つであるジェンダー・ハラスメントは、学校慣習や教員の無意識・無意図的言動として現れます。異性愛（者）を前提とした学校慣習や学習内容、教員の言動などは、同性愛やバイセクシュアルの児童生徒を傷つけ、自己否定を起こさせています。また、トランスジェンダーの児童生徒の場合、「制服、名簿、性別欄、名前のよび方、君さんづけ、男女ペア」など、身体の性別（男女）で分けられることが苦痛になっています。「男らしく」「女らしく」というジェンダーに基づく教員の言動が、ジェンダー・ハラスメントになっています。

「異性を好きになることは自然なこと」「大きくなったら結婚するものだ」「どんな女の子／男の子が好き？」など異性愛を前提とした発言や、「あいつホモらしいよ」「男どうし仲良くしているとあぶなくない？」「あの人って男か女かわからないよね〜」「女どうしで手をつないでレズみたい」などセクシュアル・マイノリティを揶揄する発言は、スクール・セクハラになります。

参考文献　URL

http://www.city.osaka.lg.jp/yodogawa/　『淀川区　阿倍野区都島区　3区合同 LGBT ハンドブック　性はグラデーション〜学校の安心・安全をどうつくる？どう守る？〜』2015 年

http://jtu-nara.com/book.html　奈良教職員組合『教職員のためのセクシュアル・マイノリティサポートブック　Ver.4』2018 年

https://rebitlgbt.org/project/kyozai　特定非営利活動法人 ReBit「中学校向け LGBT 教材」「小学校高学年向け LGBT 教材」2018 年

文京区『性自認および性的指向に関する対応指針〜文京区職員・教職員のために〜』2017 年

活を営むために欠かすことのできない権利」と説明しています。つまり、人権は人間が幸せに生きるための権利で、人種や民族、性別などを超えてすべての人々に共通の、誰にでも認められた基本的な権利です。人権の内容には、生命や身体の自由の保障、法の下の平等、思想や言論の自由、教育を受ける権利などがあげられます。

人権は、西欧社会の近代化の中で培われてきた考え方です。とりわけ、第二次世界大戦後、戦争に対する反省から人権の重要性が国際的に高まりました。その反映として、1948年、国際連合において世界人権宣言が採択されています。世界人権宣言第1条では、「全ての人間は、生まれながらにして自由であり、かつ、尊厳と権利とについて平等である（All human beings are born free and equal in dignity and rights.）とされ、すべての人間が人間として尊重され、自由であり、平等であり、差別されてはならないことが定められています。以後、この考え方は国際社会の基本的ルールとなっています。

日本国憲法でも、第13条「すべて国民は、個人として尊重される。生命、自由及び幸福追求に対する国民の権利については、公共の福祉に反しない限り、立法その他の国政の上で、最大の尊重を必要とする」とあるように、人権に関して世界人権宣言とほとんど同じ内容を定めています。ですから、人権は日常生活の基本的ルールともいえます。しかしながら、家庭・地域、職場・学校など実際の生活の場面においては、いじめや体罰、児童虐待、子どもの貧困など人権の考え方が十分尊重されているとはいえません。

(2) 子どもの人権と子どもの権利条約

読者にとって、「子どもには人権がある」という考え方は、当た

り前のことでしょうか。実は、子どもの人権という考え方が生まれたのは、そう古いことではありません。1924年、国際連盟によって採択された最初の人権宣言である「子どもの権利に関するジュネーブ宣言」は、第一次世界大戦で多くの子どもが殺されたという反省に基づき、「人類は子どもに対して最善のものを与える義務を負う」と明記しました。そこには、子どもは人類の存続をかけた将来の社会の担い手であり、その生存と発達の確保は必要不可欠であるという人々の思いが反映されていました。しかしながら、子どもの権利を「人権」として把握する発想はありませんでした。

前述した「世界人権宣言」においても、子どもを人権の主体とするという考え方は見られませんでした。その後、世界人権宣言にジュネーブ宣言の精神を生かすという目的で、「子どもの権利宣言」(1959年、10条項) が定められましたが、子どもはまだ人権の主体ではありませんでした。20年後の1979年、国連はこの年を「国際児童年」とし、国連人権委員会の中に「子どもの権利条約」策定のための作業部会を設置しました。この頃から、子どもは、しつけや教えの対象ではなく、大人と共存し、学び合い、成長し合う「大切なパートナー」(対等な関係) であるという、新しい子ども観が生まれてきました。このような子ども観が、「子どもにも人権がある」から「子どもには人権がある」という「子どもの人権」観への転換を導き出しました。

1989年11月20日、子どもの基本的人権を国際的に保障するために定められた「子どもの権利に関する条約」(54条項、以下「子どもの権利条約」と略記) が国連で採択されました。5年後の1994年、日本は158番めに同条約を批准しています。2017年3月時点では、世界196の国と地域がこの条約を締結しています。

子どもの権利条約の特徴は、以下の2点にまとめられます。

　①「人権主体としての子ども」　子どもは、大人から管理される対象ではなく、独立した人格を持つ権利の主体であり、大人と同じ人間としての価値を持つ

　②「発達する存在としての子ども」　子どもは、心身の発達過程にあることから保護される存在であり、親や大人により支援と援助が必要な存在

　この2つの考え方は、それまでの「まだ子どもだから」という子どもの行動制限から、「独立した権利主体」としての子どもの人権保障への転換を意味しています。と同時に、子どもは発達する存在であるという保護の観点から、人権保障を求めるものでもあります。

　子どもの権利条約では、18歳未満の者を子どもと定義しているため、日本の学校制度においては、園児児童生徒すべてが対象となります。また、この条約は「子どもの最善の利益」「子どもの意見の尊重」「差別の禁止」の一般原則のもと、「生きる権利」「育つ（発達する）権利」「守られる（保護される）権利」「参加する権利」という4つのカテゴリーで構成されています。

　この条約にかかわって、①「子どもの売買、子ども買春および子どもポルノグラフィーに関する子どもの権利条約の選択議定書」（2000年5月採択、2002年1月発効、日本は2005年1月批准）、②「武力紛争への子どもの関与に関する子どもの権利条約の選択議定書」（2000年5月採択、2002年2月発効、日本は2004年8月批准）、③「通報制度に関する選択議定書」（2011年12月採択、2014年4月発効）の3つの選択議定書が策定されています。

　また、1991年、条約締結国の取り組みについて審査する監視機関として、国連に「子どもの権利委員会」が設置され、現在も活動

を継続しています。子どもの権利委員会は、日本政府に対して、女子やマイノリティへの差別禁止と人権教育の推進、子どもの意見の尊重、体罰禁止、高度に競争的な学校環境の改善等（第1回1998年、第2回2004年、第3回2010年）を勧告しています。

これらの勧告に対して、日本政府は十分な対応をとっているとはいえません。たとえば、人権教育について見てみると、第1回勧告で「人権教育を体系的に学校カリキュラムに含めるために適切な措置をとる」ことを指摘されていますが、第2回勧告でも「人権教育、およびとくに子どもの権利教育を学校カリキュラムに含めること」と、再度指摘されています。さらに、第3回勧告では「権利を有する人間として子どもを尊重しない伝統的見解のために子どもの意見の重みが深刻に制限されていることを依然として懸念する」というように、子ども観にまで踏み込んだ指摘がなされています。

(3) 子どもの性的権利

子どもの権利条約第34条（下記参照）は、あらゆる形態の子どもの性的搾取と性的虐待からの子どもの保護を求めています。

締約国は、あらゆる形態の性的搾取及び性的虐待から児童を保護することを約束する。このため、締約国は、特に、次のことを防止するためのすべての適当な国内、二国間及び多数国間の措置をとる。

(a) 不法な性的な行為を行うことを児童に対して勧誘し又は強制すること。

(b) 売春又は他の不法な性的な業務において児童を搾取的に使用すること。

（c）わいせつな演技及び物において児童を搾取的に使用すること。

　子どもの権利条約第34条については、日本弁護士連合会子どもの権利委員会編『子どもの権利ガイドブック』の解説が参考になります。ガイドブックでは、「性と子どもの権利」という項目で、「子どもの性の権利の侵害態様」「性被害の被害としての特殊性」「子どもの性を守るための予防」「子どもの性被害に適用される刑事法」「性を侵害された子どもの権利を救済するその他の活動」について、詳細かつ具体的な解説がなされていますので、参考にしてください。

　また、前述した「性の権利宣言」は、性に関する基本的かつ普遍的な権利として掲げられた11項目で構成されています。そこでは、性の権利がセクシュアリティ（性）に関する人権であることを明示しています。

　一方、2005年、モントリオールで開催された第17回世界性科学学会会議は、「性の健康世界学会モントリオール宣言“ミレニアムにおける性の健康”」において、「『性の健康』の促進は、健全な心身（wellness）と幸福（well-being）の達成や持続可能な開発の実現における中心的課題であり、まさに『ミレニアム開発目標』（MDGs：Millennium Development Goals）における中核的課題である」として、すべての政府、国際機関、民間組織、学術機関等に対して、「性の健康」推進のために実行すべき8項目を掲げました。その第1項目では、「『性の権利』は基本的人権の不可欠な部分をなすものであり、奪うことのできない普遍的なものである」としています。このことから、「性の権利」は基本的人権であることがわかります。

　また、第4項目では、「セクシュアリティに関する包括的な情報

や教育を広く提供する」こと、「『性の健康』を達成するためには、若者を含めたすべての人々が、生涯を通じて」、包括的セクシュアリティ教育や情報にアクセスできるようにすることが求められています（下線部、引用者）。下線で示したように、包括的セクシュアリティ教育は、子どもから高齢者まで、生涯にわたり保障されなければならない教育なのです。日本の場合、学校教育における性教育が、包括的セクシュアリティ教育の一部を担っていると考えられます。

　これまで述べてきたように、子どもの性的権利は基本的人権であり、その権利を保障するためには、子どもが包括的セクシュアリティ教育にアクセスできるようにしなければなりません。前述の「性の権利宣言」によれば、包括的セクシュアリティ教育とは、「年齢に適切で、科学的に正しく、文化的能力に相応し、人権、ジェンダー平等、セクシュアリティや快楽に対して肯定的なアプローチをその基礎に置くものでなければならない」とされています。それは、『子どもの権利ガイドブック』で指摘されているように、「性を人権の問題として行う性教育」と考えられます。したがって、子どもの性的権利については、その保障を担保するための学習が必要ですし、包括的セクシュアリティ教育としての性教育は、学校教育が取り組むべき人権（教育）の課題でもあります。

（4）子どもの性的権利侵害としてのスクール・セクハラ

　スクール・セクハラは、①行為自体は直接的に、②セクハラを容認する学校環境は間接的に、子どもの性的権利を侵害しています。前述した『子どもの権利ガイドブック』では、「子どもの性の権利の侵害態様」として、「支配的地位を利用した子どもの性の侵害」を取り上げ、以下のように述べています（下線部、引用者）。

5章　スクール・セクハラはなぜ起きるか　　169

ア　家族以外の第三者が、子どもへの支配的地位を利用して、子どもにわいせつ行為を行ったり性行為を行わせるという事件もある。学校の教師、塾の教師、部活動の顧問など、子どもが日常的に指示命令に従うことを当然と考え、逆らうことを許されないと思わされているおとなたちが、その関係を利用して、子どもの性を侵害するのである。女子の場合だけでなく、男子が被害にあう事例もある。暴行脅迫が伴うとは限らず、子どもが従順に、時には積極的に性の侵害を受け入れているようにみえることもある。

イ　こうした事件も発覚が遅れることが多い。子どもは行為を秘密にしなければならないと思いこんでおり、親などに訴えることにより、どのような不利益をこうむることになるのか予測できない。また逆に、自分が特別待遇を受けているかのような錯覚に陥らされていることもある。

(『子どもの権利ガイドブック』p. 358)

　特に、子どもの性被害は人間の尊厳への侵害、性的弱者である子どもへの人権侵害であり、被害がきわめて深刻であるから、子どもの性を守るためには、社会の抑制力とともに、性を人権の問題として行う性教育が必要である、としています。つまり、子どもに対して重要なのは、学校での適切な性教育が行われることによって、子ども自身が自己の性を守り、性的搾取や性的虐待に対して拒否できる力を身につけることなのです。

　一般に、学校教育の場では、「子どもを性的な存在として尊重する」という意識が希薄です。たとえば、「子どもだから恥ずかしくない」

といった感覚で、小学校の児童を男女同室で着替えさせたり、教室から上半身裸のまま身体検査の会場まで連れて行くなどの行為が平然と行われていたりします。児童生徒であっても大人と同じように、性的に適切かつ妥当な待遇を受ける権利があるにもかかわらず、あたかも子どもには性的な感覚や意識がないかのような対応をとっているのです。

　しかしながら、このような子どもへの対応には矛盾があります。なぜなら、読者の皆さんも知っているように、すでに、あらゆる場で、子どもは性的な存在・性的な対象として取り扱われているからです。近年の女子児童生徒に対するわいせつ行為、児童ポルノ、児童買春、JKビジネスなど、子どもは性的対象として性暴力のもとにさらされているといえます。スクール・セクハラも例外ではありません。スクール・セクハラの加害者は、児童生徒を性的対象として見ているにもかかわらず、学校は、子どもを性的な存在として対処することも、保護することもしていません。

　スクール・セクハラや実習セクハラの行為者は、実習生や児童生徒を性的関心／欲望の対象とすることによって、学生や子どもの学習権ばかりでなく、性的人権をも侵害しているのです。教育の場において、同僚も含め、児童生徒や実習生を性的関心／欲望の対象とすることがあってはなりません。学校教育にかかわるすべての人々、とりわけ教員は、子ども一人ひとりが性的な存在として尊重される権利を持っていることを認識する必要があります。いうまでもなく、学校教育の場において、子どもの性的権利を尊重することは当然なのですから。

　そのうえで、「スクール・セクハラは個人の資質に還元できない、学校教育現場の構造的な問題である」という視点も忘れてはなりま

せん。すでに述べたように、教員と児童生徒は複数の権力関係にありますが、教員はそのことを忘れがちになります。さらに、学校では、「児童生徒は教員の指導に従うべき」とされているために、児童生徒は、自分たちと教員とが「権力関係にある」ということを知る由もありませんし、認識することもできません。その結果、児童生徒からすれば、教員は児童生徒に対して、強い権力を持っていることになります。したがって、教員自身がその権力の強さを意識化しない限り、その権力は、学習指導や生徒指導など日常の教育活動の場面で、児童生徒に対して支配的に作用することになります。教員は、この点を忘れてはならないでしょう。

(5) スクール・セクハラ防止に向けて

これまで、ジェンダー（・バイアス）が保育や教育の方法として多用されることにより、性差別・ジェンダーが再生産されることを指摘してきました。学校教育がジェンダー再生産装置であることを踏まえると、ジェンダー・ハラスメントという認識は重要です。なぜなら、ジェンダー・ハラスメントは、その認識がないとハラスメントとして認識されないからです。また、スクール・セクハラはジェンダー不平等＝性差別を背景として起こるものですから、ジェンダー・ハラスメントに対して敏感になることで、スクール・セクハラの原因を排除することが可能になります。

大切なのは、教員が「学校教育はジェンダーの再生産装置である」ということを認識し、ジェンダーの問題に敏感になる（＝ジェンダー・センシティブ）ことです。ジェンダー・センシティブとは、児童生徒一人ひとりのジェンダーやセクシュアリティに配慮し、それぞれのあり方を尊重するということです。

スクール・セクハラと同様に、パワハラ、いじめ、体罰などを人権侵害ととらえられる人権感覚・人権意識の獲得は、教員にとって最も大切なかつ必要な課題の一つであります。スクール・セクハラが起こるということは、教員が教員養成課程の段階で、身につけるべき人権感覚・人権意識を獲得してこなかった、身につけていなかったことを意味します。それは、教員養成の課題でもあります。現在、教員養成課程での学習に、ジェンダーの視点は入っていません。今後は、大学・短期大学の教員養成課程に、子どもの権利条約を含む子どもの人権やジェンダー・セクシュアリティにかかわる学習を取り入れることが必要となるでしょう。

　スクール・セクハラ防止のための方策を考えるに当たり、子どもの人権にスクール・セクハラと性暴力防止教育という視点を加え、図5-4にまとめてみました。大きな枠組みとして性教育（＝包括的

図5-4　スクール・セクハラ防止のための方策

5章　スクール・セクハラはなぜ起きるか　　173

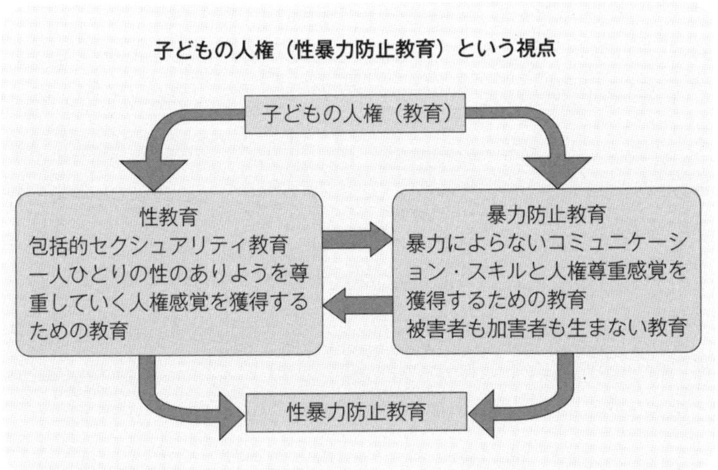

セクシュアリティ教育）と暴力防止教育を並列させ、それらをつなぐものとして、子どもの人権（教育）と性暴力防止教育を位置づけました。

　一般に、暴力防止教育は、「暴力によらないコミュニケーション・スキルと人権尊重感覚を獲得するための教育」と考えられています。それは、「被害者も加害者も生まない教育」と言い換えてもよいでしょう。暴力防止を考える場合には、被害者への支援、被害者対応は当然含まれなければなりません。被害者を生まない教育は、被害の連鎖を防ぐという目的もありますから、長期的に見て被害者支援にもつながります。

　一方で、学校教育においては、加害者を生まない教育も必要となるでしょう。児童生徒の中には、自分の言動がセクハラになる、ということがわからない児童生徒もいます。前述したように、「ホモ」「オカマ」という言葉が、人を侮蔑し差別する言葉であるということを知らない児童生徒もいます。「みんなが使っている」「テレビで見た」「発言するとクラスに笑いが起きる」などという理由で、安易に（ほぼ何も考えずに）、差別語を使用していることもあります。このような児童生徒は、自身のセクハラ言動が人権侵害に当たることも認識していませんから、教員は、児童生徒の発達に配慮しながら、「あなたのやっていることはセクハラになる」ということを教えていかなければなりません。

　セクハラがセクハラとして認識されずに、むしろ常態化している学校環境にいると、そこで生活している児童生徒は、自分の言動が相手の人権侵害あるいはセクシュアル・マイノリティへの人権侵害になる、ということに気づくことができません。ですから、スクール・セクハラは人権侵害であるということを子どもに気づかせるた

めに、その方略として、「加害者にならないための教育」が必要です。と同時に、「（意図的・無意図的に、あるいは結果として）加害者になってしまった児童生徒への教育・支援」も必要となってくるでしょう。

　最後に、2004年度に教育実習セクハラ調査を実施した後、スクール・セクハラ防止のために提示した方策のいくつかを以下に紹介します。

①教員の研修、特に防止義務の責任を負う学校管理職や教育委員会の研修

②園児児童生徒に対する、体系的な人権・性教育の実施（保護者や地域への情報提供・啓発活動を含む）

③教員養成課程におけるジェンダー平等教育の導入・必修化

④被害者救済を含めた、適切に機能するスクール・セクハラ／実習セクハラ防止システムの構築（法制度整備を含む）

　これらの方策がめざすことは、教員と児童生徒が性について学び、一人ひとりの性のありようを尊重していく人権感覚の獲得とそのためのシステム作りです。このような社会的システムを作っていくためには、保育所・幼稚園から大学まで、地道な人権教育・ジェンダー平等教育、性教育・包括的セクシュアリティ教育の実践が求められます。また、スクール・セクハラなどの性暴力を禁止する法制度の整備も必要となるでしょう。

参　考　文　献

井上輝子他編『岩波女性学事典』岩波書店，2002 年

内海﨑貴子・岡明秀忠・蔵原三雪・清水康幸・田中裕，関東地区私立大
　学教職課程研究連絡協議会編『教育実習におけるセクシュアル・ハラ
　スメント実態調査報告書　2001 年度〜2002 年度』2003 年 3 月。

内海﨑貴子・岡明秀忠・田中裕ほか，関東地区私立大学教職課程研究連
　絡協議会編『教育実習および介護等体験におけるハラスメント対応に
　ついての調査　2016-17 年度　第 6 部会・教育実習のハラスメント防
　止部会報告書』2017 年 11 月

落合恵子・吉武輝子『セクシャルハラスメントとどう向き合うか』岩波
　ブックレット No. 543，2001 年

金子雅臣『壊れる男たち　セクハラはなぜ繰り返されるのか』岩波書店，
　2006 年。

亀井明子編『知っていますか？　スクール・セクシュアル・ハラスメン
　ト一問一答』解放出版社，2004 年。

清水康幸・内海﨑貴子・蔵原三雪・岡明秀忠・田中裕『教育実習におけ
　るセクシュアル・ハラスメント防止対策の現状と課題』(2003 年度〜
　2005 年度日本学術振興会科学研究費補助金基盤研究（C）課題番号
　15510228)，2006 年 3 月。

日本教育学会編『関東地区研究活動報告書　学校での人権侵害としての
　セクシュアル・ハラスメントをどう防ぐか』2006 年 8 月。

日本教育学会第 75 回大会報告　特別課題研究「スクール・セクハラ問
　題の総合的研究（3）」『教育学研究』84 巻 1 号，2017 年 5 月。

日本教師教育学会編『第 6 期・第 7 期課題研究（2007〜2011 年度課題
　研究)「教師教育におけるジェンダー視点の必要性」報告書』2012 年
　9 月。

日本弁護士連合会子どもの権利委員会編『子どもの権利ガイドブック
　（第 2 版)』明石書店，2017 年

牟田和恵『部長，その恋愛はセクハラです！』集英社，2013 年 6 月。

池谷孝司『スクール・セクハラ　なぜ教師のわいせつ犯罪は繰り返されるのか』幻冬舎，2014 年 10 月。

勝野正章・山口和孝・内海﨑貴子・岡明秀忠・田中裕・鈴木麻里子・蔵原三雪・柳本祐加子・渡辺大輔・堀川修平・類家由梨奈，日本教育学会編『モノグラフ・シリーズ　No. 12　特別課題研究，スクール・セクハラ問題の総合的研究』2017 年 5 月。

「特集　性暴力＝セクハラ―フェミニズムと MeToo―」『現代思想』2018 年 7 月号，ムック，2018 年

「特集　セクハラ・性暴力を許さない社会へ」『世界』No. 911，岩波書店，2018 年 8 月

各自治体作成冊子

香川県教育委員会「わいせつ・セクハラ事例集」2017 年 11 月一部改訂

神奈川県教育委員会「STOP！ザ・スクール・セクハラ～学校におけるセクハラをなくすために～」2011 年 3 月　※神奈川県の HP でも公開されている（下記参照）

京都府教育委員会「セクシュアル・ハラスメント等の根絶に向けて―信頼される教職員であるために―」2017 年 6 月

千葉県教育委員会「教職員と幼児・児童・生徒，保護者との間におけるセクシュアル・ハラスメント防止についての指針」2017 年 2 月

東京都教育委員会「使命を全うする！～教職員の服務に関するガイドライン～」2017 年 9 月

電子メディア

NPO 法人 SSHP「ちゃんときいて受けとめて」2008 年（DVD）

ホームページ

内閣府「男女共同参画白書」
　http://www.gender.go.jp/about_danjo/whitepaper/index.html

文部科学省「公立学校教職員の人事行政状況調査」
　http://www.mext.go.jp/a_menu/shotou/jinji/1318889.htm

文部科学省「わいせつ行為等の定義」

  http://www.mext.go.jp/component/a_menu/education/detail/__ics
  Files/ afieldfile/2017/12/27/1399625_01.pdf

神奈川県「STOP！ザ・スクール・セクハラ」

  http://www.pref.kanagawa.jp/cnt/f7295/p26851.html

神奈川県「一人で悩まず相談を！」

  http://www.pref.kanagawa.jp/cnt/f7295/p26854.html#

大阪府教育委員会「セクシャル・ハラスメント・ガイドライン」2008
  年3月31日

  http://kohoken.chobi.net/cgi-bin/folio.cgi?index=lb2&query=/lib2/
  20080331.txt

新聞報道

「わいせつ被害NO！ 身近な加害者から守るには」『毎日新聞』2015年
  8月31日

「高校生『被害』38人『見聞きした』23人 昨年度県教委アンケ 男女
  52人が回答」『毎日新聞 地方版・神奈川県』2016年5月11日

「脱衣や指なめを強要…『スクールセクハラ』 隠蔽体質も」『朝日新聞』
  2017年6月18日

「『わいせつ教員』教委の4割非公表 被害者保護，理由に」『朝日新聞』
  2017年7月4日

「教員の処分歴，全国で共有 わいせつ・体罰，データベース化 文科
  省方針」『朝日新聞』2017年8月31日

「文科省 教員の処分歴，共有へ わいせつ行為，再雇用防ぐ」『毎日新
  聞夕刊 東京版』2017年9月5日

「教員のわいせつ行為,なくせ 15年度懲戒処分,過去最多の195人」『朝
  日新聞』2017年9月16日

「ハリウッド大物プロデューサーを除名 セクハラ疑惑報道」『朝日新聞』
  2017年10月15日

「セクハラ被害『Me too』ハリウッドの疑惑契機に」『朝日新聞』2017
  年10月18日

「性的暴行罪で禁錮 175 年，米体操チームの元医師に。女性たちが実名で被害告発，裁判官が怒りの判決」『ハフポスト 日本版』2018 年 1 月 25 日

「連載女子組 （オトナの保健室）」『朝日新聞』2018 年 1 月 30 日，2 月 20 日，3 月 27 日，4 月 17 日，5 月 15 日，6 月 19 日，7 月 17 日

「N・ポートマン告白…セクハラの被害経験 100 回」『日刊スポーツ』2018 年 2 月 6 日

「介護セクハラ，実態調査へ　利用者から職員被害」『朝日新聞』2018 年 8 月 2 日

執筆者一覧

内海崎貴子	はじめに、5章
川村学園女子大学教授	
田中　裕	1章
川村学園女子大学教授	
藏原三雪	1章コラム、2章
元・横浜創英大学教授	
亀井明子	3章
特定非営利活動法人スクール・セクシュアル・	
ハラスメント防止全国ネットワーク代表	
岡明秀忠	4章
明治学院大学教授	
井口　博	特別寄稿
東京ゆまにて法律事務所代表弁護士	

スクール・セクシュアル・ハラスメント
—学校の中の性暴力—

2019年2月25日　第1版1刷発行

著　者―内海崎貴子・田中　裕・藏原三雪
　　　　亀井明子・岡明秀忠
発行者―森口恵美子
印刷所―壮光舎印刷
製本所―グリーン
発行所―八千代出版株式会社
　〒101-0061 東京都千代田区神田三崎町2-2-13
　TEL　03-3262-0420
　FAX　03-3237-0723
　振替　00190-4-168060
＊定価はカバーに表示してあります。
＊落丁・乱丁本はお取替えいたします。

©2019 T. Uchimizaki et al.
ISBN 978-4-8429-1739-9